成功する人が知らずにやっている

最強の魔除け

スピリチュアル心理カウンセラー
日下由紀恵

フォレスト出版

まえがき　「だれでも幸運の星を頭の上に持っている」

自分から不幸のタネをたぐり寄せる人がいます。

AとBの2つの選択肢があって、考えに考えた結果、必ず悪い方を引いてしまう人。

普段バッグのなかに折りたたみ傘を入れているのに、たまたま置き忘れたときにかぎって雨に降られてしまう人。

良かれと思って他人に言った言葉がいつも誤解を招いてしまう人。

これらはすぐに生命の危機に立たされるわけではないので、まだいい方かもしれません。

突然つきつけられる「死」

街を歩いていると、死神がついている人と遭遇することがあります。

「早くなんとかしないと死の淵《ふち》へひっぱられてしまう!」と心配するのですが、見ず知らずの人にいきなり話しかけるわけにもいきません。

突然やって来る重い病気の宣告。

明日のことも考えられず、死んで早くラクになりたいと願うような心の闇《やみ》。

健康には人一倍気を使っていたのに、なんの落ち度もなくやって来る不慮の事故。

死神につかれてしまうとあっという間に、「死」を目の前につきつけられるのです。

なぜこんなお話をするのでしょう。

それはあなたをただ怖がらせるためではありません。

「悪」「邪気」「死神」……これらをこの本では「魔」と呼びますが、こういった良くないものの正体を知り、良くないことが起こるメカニズムを知ることで、寄せつけないようにすること（＝魔除け）がだれにでもできるようになるからです。あなたには、ぜひそのことを知ってもらいたいのです。

次々とやって来る不幸と魔除け

そんなことを言っている私にだって「魔」は突然やって来ます。


家のなかで、だれもいない部屋から毎晩足音が聞こえる。

ある日突然、家中の水道がいっせいに破裂する。

想像もしなかったところから請求書がいきなり送られてくる。

これ、すべてこの1年のうちに私の身に降り注いだことです。普段、ひとけのない田舎のポツンとした一軒家に住んでいるので、こんなことが起こるとパニックです。

「きゃー」と大きな声がでて泣いてしまうこともあります。

それでもめげずに、ちょっと一息ついて浄化につながる魔除けのステップを確認します。そうすれば、魔はほどけ、天界とつながりきちんとした解決策があらわれてきます。

もしかすると「魔除け」というと、おまじないのようなものを想像するかもしれません。でも「おまじない」だけではなく、もうずっと前から私たちの生活のなかに取り入れられている魔除けの方法がたくさんあります。

また、この本では私が神様から聞いた効果バツグンの魔除けの方法についてもお話ししていきます。

「毎日うまくいかない」「もう死にたい」……この地上に祝福されて生み落とされたあなたがそんなふうに思う必要はありません。邪気を払い、魔を遠ざけることで本来のあなたの姿を取り戻すことができるのです。

目次

Chapter 1

人生がキラキラと輝きはじめる「最強の魔除け」

Chapter 2

神様が教えてくれた魔除けのメカニズム

Chapter

3

最高の幸せを手に入れる「縁結び」と「縁切り」

Chapter 4

天を味方につける！神社パワーと魔除け

Chapter 5

毎日の生活で使える魔除けアイテム

Chapter 6

魔除けで思い通りの人生を手に入れる！

おわりに

ブックデザイン　山田知子（chichols）
イラスト　芦野公平
DTP　渡辺亜紀

Chapter

1

人生がキラキラと輝きはじめる「最強の魔除け」

あなたは見えない世界とつながっている

私はスピリチュアル心理カウンセラーとして、これまで1万人以上の方の悩みごとと向き合ってきました。著書やブログ、講演会などで、問題の起こる原因やその解決法、夢がかなうしくみ、引き寄せの方程式の解説などをお伝えしています。

そのはじまりは「神」とのおしゃべりというとても不思議なものでした。あるとき突然「神様」というエネルギー体とつながり、コミュニケーションをとれるようになりました。そしていろいろな次元の世界……いわゆる天国、地獄、神社の神様、霊界のご先祖様、宇宙に存在するエネルギー、また未来や過去もきちんと存在していて、その次元へもタイムワープできるようになりました。そして多くのことを教えていただきました。

たとえば……

死後、身体がなくなっても心や意識はそのまま残るということ……など。うれしい意識や思いは天国へ行くけれど、やり残したこと、後悔していること、恨みつらみなどの負の感情はそのまま地上に残って浮遊しているということ。

亡くなったおじいちゃん・おばあちゃん、親せき一族、特に父親・母親というのはものすごい力で子どもたち（つまり生きている私たち）を守ろうと必死です。

亡くなったあとに行く「霊界」という次元で、実は彼らは私たちが笑顔に幸せになるために想像以上の忙しさで努力しているということも知りました。

つぎつぎとあらわれる歴史上の人物

亡くなった歴史上の重要人物も別の次元で存在していて、その方たちとも自由にお話をすることができるようになりました。徳川家康、クレオパトラ、ツタンカーメン……一見だれからもうらやましがられるような権力、富の持ち主だった彼らにもその裏には悲惨な苦悩があり、いつ殺されるかもわからない強い恐怖で塗り固められていて、その恐怖の念は成仏できずにいる、などということもわかったのです。

そして、亡くなった方の魂、生きている人の本心、動物、植物、地球外生命体、太陽、月など、「名前を持つものすべて」に心があり、みな私たちとお話をしたがっているということがわかりました。

天界からのコミュニケーションと「波動」

私たちの住む地上とは別に、人間を良い方へ導こうとするエネルギー体を総合して**「天界」**と言っています。天界のなかには神様たちの集まる**「神界《かみかい》」**や神様たちのお使いをする天使のいる**「天使界」**、亡くなったご先祖様たちのいる**「霊界」**など、それらは常に私たちが迷わないよう、迷っても正しく出口にたどり着けるよう、まるで迷路を上からのぞきこむようにして見守っています。

彼らは毎日のように私たちにメッセージを落としています。ところが言葉でのコミュニケーションがとれないため、そのほとんどが伝わらないままスルーされていて、天界の人たちはそのたびに残念な思いをしながら、何とか導きが伝わるよう奮闘しているのです。

彼らからのコミュニケーションの方法はいくつかあります。

たとえば「直感」で伝える方法。「今日は紅茶が飲みたい」「今日はカプチーノ」など、イメージや言葉を頭に浮かばせて知らせることもあります。

そのうちの大きな1つが**「波動」**です。

「良い波動」と「悪い波動」の違い

見えない人たちは私たちに「緊張」や「安心」の振動で、それが必要か、やめた方がいいかなどの信号を送ってきます。名前のついているものはすべて振動を持っています。私はそれらが発信している振動を感知することで、何を伝えようとしているかがわかるようになりました。

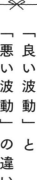

その振動は波動とも言います。**発信されている波動には「良い波動」と「悪い波動」があり、「良い波動」は良いエネルギーとなり、「悪い波動」は悪いエネルギーになる**ということを知りました。

良いエネルギーとは、私たちを成功、幸せ、豊かさへ導こうと奮闘する神様や天使、ご先祖様などの力。また、それらと共振するエネルギー。

一方、悪いエネルギーとは私たちの足を引っ張り挫折《ざせつ》させようとするエネルギーです。

悪のエネルギーにおかされるとき

この地上の空気中には良いエネルギーと悪いエネルギーが飛び交っています。まるで花粉みたいに、目には見えないけれど想像を絶する量です。花粉症の人とそうでない人もいるように、それらのエネルギーの影響の受け方は人それぞれ違っているわけです。

悪の波動、悪いエネルギー体は、私たちにいろいろなことをささやきます。

「生きることは、バカバカしいこと」

「正直者として生きるなんてくだらない」

犯罪に走りそうになってしまうとき、

「みんなやってることだよ」

「人に嫌われるようなこと、しようぜ！」

時にはだれかに対して、**「徹底的に傷つけてメンタル破壊しちゃえ！」**など心ないささやきで誘導をかけてきます。

そのささやきに引っ張られてしまうと、ケンカ、パワハラ、モラハラ、犯罪、ひいては戦争などにつながっていく悪の粉でもあります。

「私はそんなことに惑わされるわけがない」とあなたが強く思っていても人間というものはとても繊細にできています。

元気なときは、はねのける力がきちんと発揮されますが、残業続き、介護、育児疲れ、あるいは人間関係や仕事の失敗などで落ち込んでいたりするとき、

いつも張られているバリアが崩れてしまいます。そんなスキマからこの悪のエネルギーは入り込んできます。そうなるとそちらの方へ知らずに引きずられていってしまうということが起こるのです。

悪のエネルギーを阻止できるかどうかで運気は変わってきます。空気中に飛びかっているエネルギーの存在や動きを知っていることで、悪を阻むバリアを強固にし、運気を上げていくことができるのです。それはあなたにとって大きな大きなアドバンテージとなるでしょう。

「悪のささやきに勝つ柏手」

ふとした瞬間に突然やって来る「悪のささやき」。「だれも見てないし手をぬいちゃえ」「まじめにやるだけバカらしい」……普段の自分からは考えられないような邪悪な考えが浮かんできます。

「ダメダメ」と追いやろうとしても、疲れや忙しさなどで万全の状態でないと魔に飲み込まれそうになります。

そんなときにおすすめなのが柏手です。

パン!!　パン!!　と大きな音で柏手《かしわで》を打ちましょう。

手をたたいたときの強い振動が邪気を追い出し、神エネルギーとつながることで魔を突き放します。

毎日何気なくおこなっている魔除けとは

「魔除け」というと、何だか怖い秘密の儀式なようなものを思い浮かべるかもしれません。

でも、そんなに特別なことではないんです。**実は、私たちはいつの間にか毎日の生活のなかに魔除けアクションを取り入れています。**そのことを知っているかどうかで人生が大きく変わってきます。

特に、日本で暮らす私たちならではの伝統的な「魔除け」というものを見ていきましょう。

お花見のスピリチュアルな意味

たとえば**春のお花見**。

友達や家族と必ず毎年お花見をする人はもちろん、わざわざ出かけてまで……という人でも桜の様子は気になります。

お花見に行かないと何となく取り残された気がするし、ハラハラ散りはじめる桜を見て心細く思ったりする……。そんなことはないでしょうか？

その理由は桜という花が、数ある花のなかでも特にスピリチュアルな存在で、私たちを「邪」から守る波動を持っているからです。

桜は日本人にとって最強の魔除けアイテムの1つであり、そのことが私たちのＤＮＡにインプットされているから、桜の季節になると私たちの細胞をソワソワとざわつかせます。

お相撲が「魔」や「邪」をはねのける

日本人と結びつきの強い魔除けはほかにもあります。

それは**お相撲《すもう》**。

相撲の番付の西と東はいわゆる**「鬼門《きもん》」**と**「裏鬼門《うらきもん》」**を示しています。

鬼門というのは「魔」や「邪」の出入り口とされ、変化を起こす方位です（節分の豆まきも同じ意味合いを持ちます）。力士がたくましく四股《しこ》を踏むことで、大きな振動を生みます。そして、邪を揺さぶり、脅し、思いっきり塩をまいて浄化する——。

神社で奉納相撲や神事相撲がおこなわれることからも、相撲が霊的なものと結びついていることがよくわかります。

相撲はただゲームとしてはじまったのではなく、国の未来を占ったり、子孫繁栄や五穀豊穣《ごこくほうじょう》の願いが込められた神聖なものとして人々に大切にされ、

愛されてきました。だからテレビで何気なく大相撲を見ているだけでも、私たちの内側では浄化がどんどん進んでいくのです。

日本人は世界中のどの国の人よりも特に繊細です。繊細ということは怖がりでストレスに敏感ということでもあります。

日本は島国ですから、外からの来訪者に対してとても強い警戒心をもともと持っています。

ストレスを感じやすく、ためやすい私たち日本人には、特別な浄化が必要です。でも心配はいりません。太古の昔から「邪」や「魔」に対してものすごく鋭敏なアンテナがあって、それに負けないための「魔除け」もしっかりと準備されているからです。

ぜひ、あなたも身体と心の声に耳を傾けて、魔除けを毎日の生活に取り入れていってくださいね。

〇 桜の木は花だけでなく枝や幹にフォーカス

桜の木は生命力の強さをサポートする神木。桜の木（皮）でできたおわん、茶筒など桜の木グッズを持つと身体の循環が良くなり、病気の回復や予防につながります。

お花見のときはきれいに咲いている花に注目しがち。

でも枝や太い幹にフォーカスして、さわったり、抱きついたりすることで邪気を吸い取ってもらえます（木に触れるときはもちろんルールを守って！）。

相撲の四股踏みは最高の魔除けエクササイズ

相撲の四股《しこ》踏みは、大地に震動を送って古いエネルギーを発散させます。

私たち人間側から大地へ震動を送ることで、地中の蓄積エネルギーが発散され、災害のタネを鎮める世界平和の行動です。

大地とのつながりを感じることでグラウンディング能力がアップし、良い流れを引き寄せます。朝、出かけるまえに鏡の前で数回四股を踏んでみましょう！

お墓は最高の魔除け&パワースポット

お墓と聞くとおどろおどろしいイメージで、できれば近寄りたくない場所の1つですね。また、「お墓参りって何となくめんどう」といったネガティブなイメージも強いもの。けれど同時に「お墓参りのあとに何だかすごくスッキリした」という経験をしたことはありませんか。

それはお墓というものが、**最高の魔除けスポット**だからです。

私たちに導きをくれる天国にいる人たちとのミーティングポイント。

現在と天国の交差する地点がお墓なのです!

骨にはポジティブな波動が宿っている

お墓には亡くなった人のお骨《こつ》が収められています。また亡くなった方の名前が刻まれた石があります。

茶毘《だび》に付された後に、骨だけが美しく残るのにもちゃんと理由があります。骨にはその人の人生を生きた波動1つひとつが刻み込まれています。そして、亡くなった方のこんな記憶が宿っています。

◊あきらめずに努力したこと
◊歯を食いしばって耐えた忍耐力
◊人にやさしくされたときの感謝
◊仕事で力を発揮できたときの自信

◇素敵な恋人に出会えたよろこび
◇かわいい赤ちゃんを授かった感動

どれもこれもとってもポジティブ！　すごく前向きですね。これらが結晶となって宿っているのが骨であり石碑。だから、とても高いエネルギーとなってお墓参りにやって来たあなたに良い影響を与えてくれるのです。

たとえそのとき悪霊に憑《と》りつかれていたとしても、ご先祖など亡くなった方たちの愛情と骨に宿ったポジティブパワーでそれを一気に取り去ってくれます。

お墓に骨がなくても、血がつながっていなくても、**「亡くなった方に会いに来た」という参拝する人にポジティブな気持ち**があれば、お墓交差点では天界のパワーをシャワーのように浴びることができるのです。

「お墓の前を通りかかったときは……」

道を歩いていて突然見ず知らずの人のお墓が見えてくるとドキッとしますね。でも、お墓は浄化の気を持っているパワースポットなので、怖がる必要はありません。

ご先祖様というのはどんな他人であっても霊界で自分のおじいちゃんやおばあちゃんとネットワークでつながっているので、たとえ知らない人のお墓でもあなたの運気上昇に結びつきます。

お墓の前を通りかかったときは**「いつも守ってくださってありがとうございます」**と軽く会釈をしましょう。

ネガティブなものからあなたを守る結界

神社というのは天界や霊界とつながっている場所。その敷地内へ1歩入るだけで、魔除けの効果を一瞬にして受け取ることができます。

「結界」という言葉を聞いたことがありますか。**結界とは、ネガティブなものから自分の身を守るためのバリア。**「結界を張る」というとむずかしそうですが、特別なことではありません。

普段意識しなくても左のイラストのようにいろいろなところで目にすることができます。

玄関

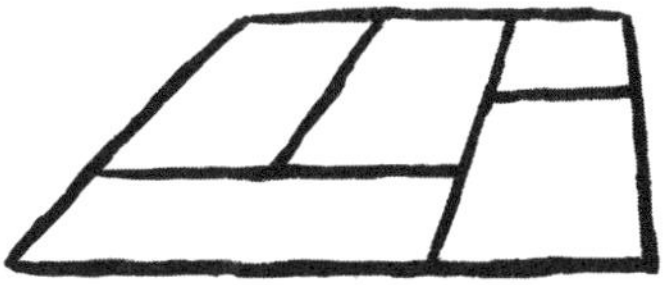

たたみのへり

お箸の置き方

表札

塀

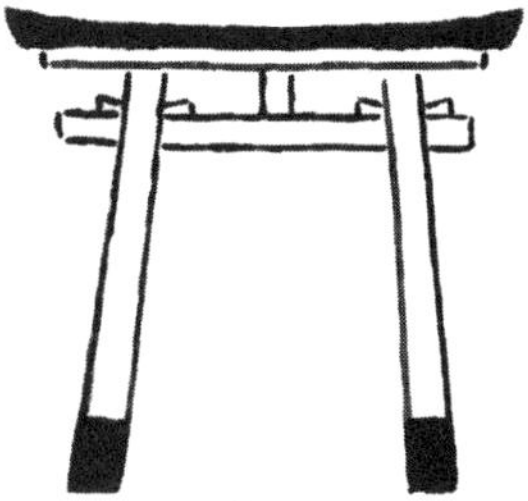

鳥居

これらはその線で隔てることで、エネルギーの質の差の「境界」をつくっているのです。

区切りとエネルギー

あの世を**彼岸**《ひがん》というのに対し、この世を**此岸**《しがん》と呼びます。

どちらが良いか悪いかではなく、質の違うエネルギーをコラボレートさせることで今までになかった新しいエネルギーを爆発的に生み出すことができます。

門や壁、生垣、石垣、塀……線で区切ることでエネルギーが保たれるようになっています。

神社の鳥居やしめ縄は私たちの頭の上にもやもやとたまっている静電気を取り払い、神聖なエネルギーを受け取りやすい状況につくる準備もしてくれています。

大きい神社ではいくつもの鳥居があって、くぐるたびに天界、霊界とのバリアが薄くなっていきます。それだけあの世とのつながりが強くなります。

カンタンに結界を張る方法

◇カンタンに結界を張る方法①「日本茶カテキン結界」

魔がやって来ているときは「だるい」「ねむい」「つかれる」「めんどう」「イライラ」……。こんな不快な魔を一気に吹き飛ばしてくれるのが日本茶です。

朝、少し時間をとってお茶をいれてみま

しょう。外出先など、お茶をいれられないときはペットボトルのお茶でOK。特に濃いお茶、抹茶入りがダントツおすすめ。ザワザワ・ガサガサとささくれだった気持ちをカテキンが一気にきれいにしてくれます。

◊カンタンに結界を張る方法②
「魔除け札の札束・言霊《ことだま》結界」

私たちが口から発する言葉は実は魔除け札を2~300枚重ねた「魔除け札の札束」のような効果があります。言葉に宿る言霊によって瞬時に結界が張られます。

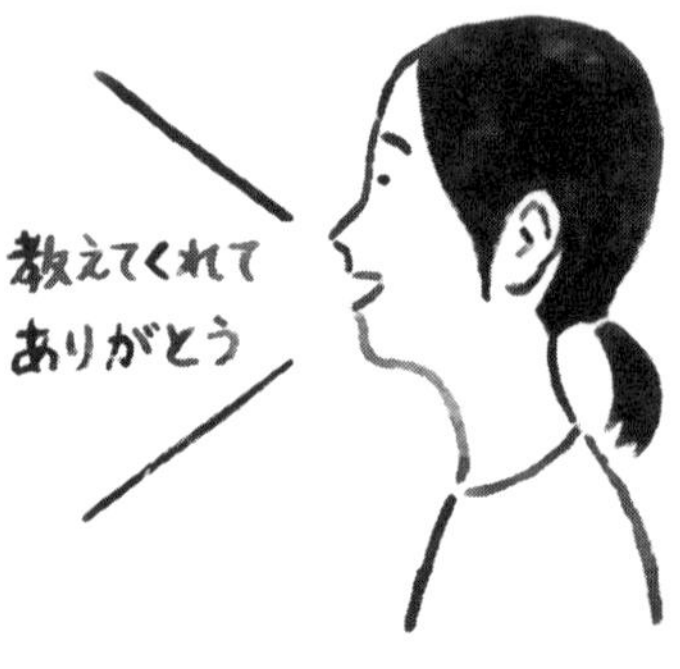

特におすすめなのが**「教えてくれてありがとう」**という言葉。
「余計なことを言われた」「怒られた」「批判された」「拒否された」と感じたときに特に効果があります。

◇カンタンに結界を張る方法③
「バルーン結界」

自分の身体をバルーンの中に入れるイメージをすることで、すぐに結界を張ることができます。
外出するとき、乗り物に乗るとき、眠れないと

き、人と会うとき、雑多なエネルギーを感じるときに、自分が大きな透明なバルーンに入っているところをイメージしましょう。

ただし、息苦しくならないように、イメージをするのは**「メッシュのバルーン」**。良いものだけを取り入れ、悪いものを入れない力を持ちます。

◇カンタンに結界を張る方法④
「隣の人がどうしてもイヤ」

職場で隣のデスクの人がどうしてもイヤ！　というときはデスクの境目にファイルを積んだり、ペンケースを置いたり、さ

りげなく境界線をつくりましょう。
苦手な人の影響を受けなくなります。

おうちで結界を張る植物の選び方

◊おうちで結界を張る植物の選び方①「お部屋に植物1つで魔除け」

植物は邪を吸い取る優秀かつ手軽な魔除けアイテムです。

邪が寄ってきやすいときというのは、あなたの吐き出す二酸化炭素の質が重く濃くなっているのですが、植物をお部屋に置くことで空気清浄機の代わりになってくれ、邪気が住みづらい空間を作ってくれます。

高価なものは必要ありませんので、1部屋に1つ観葉植物を置いてみましょう。テーブルやデスクの上なら200円前後のもので十分です。

ポイントは、ポトスなどのように葉の部分が丸く大きいものを選ぶこと。

特に仕事部屋や人が集まるリビングやダイニングには、部屋の広さに合った邪魔しない程度の適度な大きさのある植物を選んでみてください。

私たちの邪気を吸い取ってくれる植物に、感謝しながらお水をあげると一層パワーアップします。

◊おうちで結界を張る植物の選び方②

「玄関に置くと家全体に結界が張られる植木」

部屋のなかとは違い、家の外に置いておくと強い魔除けになるのが、柘植《つげ》、柊《ひいらぎ》、松などの常緑木。

これらは神社にもあり、邪を吸い取る役割をしています。葉が固くとがっていたり、ギザギザがあったりと、玄関先に鉢に入れて置いておくことで家に魔が近寄るのを断固として防いでくれる強い味方です。

また、バジル、ミントなどの香りの独特なハーブ類も、邪気をはらって幸運を呼び込んでくれます。

身だしなみと魔除け

私たちが普段何気なくしている超絶魔除けアクションがあります。

それがファッションやお化粧などの身だしなみです。

お化粧、アクセサリーでドレスアップする、1足早い流行りのファッションを取り入れる、さらにダイエットもまた結界を張る立派な手段の1つです。

なぜそんなことが魔除けにつながるのでしょう?

それには、私が大昔の人たちから教わったこんなエピソードがあります。

女性がファッションに気を使う本当の理由

私はいろいろな時空にワープし、その時代の人たちとお話をしますが、そのなかでとてもショックを受けた、ある家族がいます。

その家族は父と母と娘の3人家族。その3人が泣いて抱き合っています。着ているものからすると、そこは紀元前頃のエジプトと思われます。


「どうして泣いているのですか?」と問いかけると、お父さんが泣きながら答えました。

「娘が明日、いけにえに出されるのです」

そして3人はまたひとしきり大声で泣き叫びました。

「いけにえ? なんてひどいことを!」

私もショックと憤りで震えが止まりません。

お父さんは再び話し出しました。

「ルックスの良い娘さんは、みな宮廷仕えに連れていかれ、王族の相手をするために生かされる。見栄えの整った娘さんだけじゃなく、踊りや歌、楽器が上手な女性も生かされる。**けれどうちの娘のように大した美貌《びぼう》も特技もない者は、いけにえにされてしまうのです。**私たち夫婦の見た目が良くなかったばかりに、この子にこんな恐ろしい思いをさせなければいけません。いったいどうしたらいいのでしょうか……」

お父さん、お母さんの苦悩と悲しみ、そして恐怖の感情が、私の心に突き刺さります。

私は言いました。

「あなたたちは何も悪くありません。それでも起こる出来事ならそれは神様のおぼしめしです。何も心配することはありません。痛みも恐怖も感じないようになっています。堂々と受け止めていれば必ず問題は解決します」

その後、この娘さんは何とか無事に有力な権力者に救われ、いけにえにはならずにすんだビジョンがあらわれました。

このように、若い命がいけにえとして次々に犠牲になった時代があることは、とても悲しいですが事実としてあるのです。

歴史のなかで犠牲になってしまった人たちのおかげで私たちの今の生活があります。そして、**女性がルックスやファッションにこだわることはその潜在意識下に、「殺されないように」という切迫した心理が根を張っている一面があったのです。**

身につけるカラーで魔除け

TPOを考えて身だしなみを整えることで、すでに立派な魔除けになります。ファッションにあまり時間やお金を使えないときは、「色」の使い方を工夫するだけでOK。

◊魔除けカラー①　本日の気になるカラー結界

私たちは主に9つの質の異なるエネルギーをバランスよく取り込むことで運気がアップするようになっています。

9つのエネルギーとは色のエネルギーです。

白・赤・オレンジ・黄色・金色・緑・青・紫・ピンク

それぞれの色を取り込むチャクラがあり、「気になる色」＝「不足しているエネルギー」です。「今日の気になる色」をハンカチ、タオル、ネクタイなどに取り入れることで、良い1日が送れます。

チャクラとは、宇宙のエネルギーを取り込み、不要な古い気を捨ててくれる換気扇で、体中に無数にあり、それぞれが色（の持つ波動と同じ周波数）を持っています。

◇魔除けカラー②　あなたを天界へ引っ張り上げる色「ホワイト」

運気低迷を感じている人の共通点は「ブラックに身を固めている」こと。すべて黒で統一するのではなく、白いものを1つ選んで身につけてみましょう。

ハンカチ、タオル、時計、ペンケース、スマホケースなど、なんでもOK。9つのカラーのうち、**白は天界とつながるマジックカラー。神様のパワーがすぐに注入されます。**

◇魔除けカラー③　人間関係が怖くなくなる「ピンク」

色というのは振動を持っている原子の集まりで、9つのカラーのなかで**ピンク色は恐怖を癒す役割を持っています。**

人間関係で不安な人、苦手な人に会うとき……など、ピンク色のアイテムを忍ばせれば怖さが減り、堂々とふるまえるようになります。

怖さが消えないときはピンクのグッズを左手にぎゅっと握って眠りましょう。安心感に包まれ、ゆっくりと休めます。

◊魔除けカラー④　チャクラを全開にする「レインボーカラー」

虹の7色はチャクラを開いて運気アップや浄化に加速度をつけます。**虹色のグッズはそれぞれのチャクラを刺激し、新しいエネルギーを満たしてくれます。**

虹色が描いてあれば何でもOK。色鉛筆やクレヨンなどで自分で描くとさらに効果があります。

Chapter

2

神様が教えてくれた魔除けのメカニズム

これだけは知っておきたい「波動」のお話

地上にいる私たち人間、動物、植物、虫、もっと小さな生物など命あるものたち。また、水や空気、石や鉱物など自然界にあるもの。さらには人間が設計した建築物、手を加えてつくった加工品、それらを組み合わせた工業品まで、**およそ物という物にはすべて「波動」があります。**

波動とは、「物」のはじまりのすべてにつながる「原子」（これ以上小さくできない最小単位の粒）が持つ振動のことです。**スピリチュアルの世界では、この振動の数と速さはものの名前によって変わってくると考えます。**

名前と波動

たとえば、犬と猫の違いについて考えてみましょう。

「犬」という名前、「猫」という名前でみなさんの頭の中にイメージされるものは当然違いますよね。この違いは、振動の違いと考えることができます。「私は犬が好き!」「私はダンゼン猫派!」それぞれを好きだと思う人の振動数も違います。また、犬のなかでも「ゴールデンレトリーバー」をつくる振動数と「ミニチュアダックスフント」をつくる振動数は違います。あまり詳しく説明してわかりづらくなってはいけないので、ここでは、名前によって違ってくる物質の振動数を「波動」と呼ぶことにしましょう。

波動に良い悪いはありません。**波動は振動なので、近くのものに影響を与えます。好きなものがそばにあると気持ちの良い共鳴が起こるのです。**それは名前を聞くだけでも十分良いものとして共鳴します。なんだかとても心地よくなって、宇宙から受け取るエネルギーが倍増していきます。反対に、**苦手なものがそばにあると波動は不協和音のように苦しく感じ、できることもできなくさせてしまうのです。**

( ) 良い波動を共鳴させて宇宙エネルギーを何倍も受け取る方法

夢をかなえ、素敵な出会いをもたらす宇宙エネルギーはあなたのオーラを通して外側から入ってきます。オーラをきれいな状態にキープしておくことが第1条件。そのために必要なのが**「リラックス」**です。

◇「リラックス再生リスト」でオーラを磨く

さあ、あなたの好きなものを10個挙げてください！

好きなものを思い出しているときというのは脳波がとてもリラックスしていて邪が入れません。

リラックス脳波が再生されてオーラが輝き、宇宙エネルギーと響き合いはじめます。

好きなお店は？　好きな人の名前は？　笑えたフレーズは？　大好きな動物は？　など、あなたがほっとするもの、人に自慢したくなるものや人を思い出しましょう。

◇「5秒間の宇宙遊泳」でオーラを磨く

目を閉じて5秒間数えましょう。

そこに何が見えますか。目を閉じたときの暗闇《くらやみ》や光は、宇宙そのものを映しこんでいるのです。あなたは5秒間宇宙旅行に行ったのと同じ波動を受けています。
宇宙エネルギーは目を閉じているときに、開いているときの100万倍以上入ってくるようになっています。

電車など乗り物のなか、テレビのCM中、会社の昼休み……スキマ時間を見つけて宇宙遊泳をしましょう。

あなたの波動を決めるもの

波動は目に見えるものだけにあるのではありません。

空気や風などの自然のもの、色や音はもちろん、「うれしい」「悲しい」といった感情、さらには「苦しみ」「我慢」などの心の状態にも宿っています。

名前がついているものはすべて波動があるんだと考えてOK。そして、波動をもとに常にそばにあるものに影響を与え合っているのです。

人間が持つ波動も、もちろん人それぞれ違います。人間の波動というのはどうやってできあがると思いますか？

その答えは「心」です。**心で考えていることがすべて振動数になって、その人の波動を決めているのです。**

魔が好きな波動

たとえば、なんだか好きになれないという理由だけで他人の悪いウワサをまき散らしたり、自分を良く見せるためにムリをしたり、間違いを人のせいにしたり、ウソをついたり……。こんなことを繰り返していると、心がくすんだ状態になって細胞の振動がとても鈍く重たいものになります。

そして、**「魔」もこの鈍くて重たい振動を持っています。同じ性質のもの同士、鈍くて重たい振動はこのような人におんぶにだっこで後ろへ引きずる力を持ってしまいます。**

一方、「公平さ」や「冷静さ」を日頃から意識して、笑顔を絶やさないよう心掛けている人の振動というのはピンボールのようにとても軽やかです。

軽やかで速い波動の人はいっしょにいるだけでうれしい気持ちになります。そんな人は天の波動によって引っ張り上げられ、いっしょに空を飛ばせてもらえるのです。

こうなると、良い波動の人はより良い方向へ進み、悪い波動の人はどんどん悪くなる……と、その差はますます開いていってしまいます。

「魔に嫌われる方法」

普段なにげなく出会う状況のなかに、魔をよけるチャンスが隠されています。魔が苦手に思う人というのはどんな人でしょう。

◊あいさつなど人とのコミュニケーションがしっかりとれる人

ご近所さんや職場の人とのあいさつなど、魔は会話でコミュニケーションをとる人が嫌いです。

「おはようございます」「おつかれさまです」

たったそれだけでスゴスゴとどこかへ移動します。

◇見ず知らずの人へ声掛けできる人

レストランやカフェなどでの「ごちそうさまでした」「おいしかったです」「ありがとうございます」などの他人

への明るい声掛けはあいさつのなかでも特にポイントが高くなります。

気分のいいときに積極的に実行してみましょう。

◊街で配られているチラシやティッシュなどを受け取る人

魔は「無視」が大好き。だから無視しない人からは逃げ出します。さっそく街で配られるものを受け取ってみましょう。

必ず運気が上がります。

◊落ちているゴミを拾う人

自分の家の敷地ならまだしも、路上のゴミを拾うのはハードルが高いもの。「一週間に1度、1つ拾う」を実行してみましょう。一気に魔がささなくなってきます。

◊第0チャクラを刺激する靴を履いている人

第0チャクラというのは地面との接地点である足裏です。靴というのは「人生がスムーズに進むことのできるアイテム」の象徴。魔はここに意識が向いている人が苦手です。高価でなくていいのです。ヒールがすり減ってカンカン音がしていませんか。履きづらくて足が痛くなっていませんか。

この機会にお気に入りのウォーキングシューズやスニーカーを1足新調してみましょう。すぐに神様とつながることができます。

波動のハレーションと人生のシフトアップ

子どもの頃に読んだ童話に「みにくいアヒルの子」というお話があります。自分が美しい白鳥であることに気づかず、アヒルの群れで浮いてしまう……。これと似たようなことが波動の違いが原因となって起こってしまいます。

地方の鉄鋼メーカーで重役として勤務していた**Fさん（50代・男性）**は、部下・上司ともに信頼が厚く会社史上最年少で重役に昇進したほど。しかし、仕事にますます力を入れようとした矢先、なにげなく受けた検査でがんが発見されました。

その後は、出社できないほど体調が悪くなってしまい、会社から早期退職の打診を受け、事実上のリストラとなりました。Fさんは、絶望の淵《ふち》で自殺未遂の1歩手前まで追い込まれてしまったのです。

職場や家庭で居場所がなくなったとき

また、家具製造会社の正社員として働く**Aさん（40代・女性）**は、3人の子どもの母親。夫の両親と同居していました。

結婚当初から夫の両親とはそりが合わず、顔を合わせればお互いの揚げ足取りばかり。仕事に子育てと、孤軍奮闘していたAさんですが、40歳を過ぎていがみ合うことをバカバカしく思うようになりました。心を入れ替え、老齢の義父母をいたわる余裕が出てきたちょうどその頃、今度は夫の長年の浮気が発覚したのです。

「必死で頑張っているのに、私ばかりがどうしてこんなに苦労しなくちゃいけないの?」とAさんは離婚を決意し、3人の子どもを連れて長年過ごした家を出ていくことになりました。

この2つのケース。

職場と家庭で事情は違いますが、実は同じ原因が隠されているのです。

波動のハレーションが起こるメカニズム

さて、FさんとAさん、この2人に共通するものは何だったのでしょうか。

それは**波動のハレーション**です。

がんになったうえ、さらに会社もリストラされてしまったFさんに、「どういう会社だったのですか?」と尋ねたところ、「90%くらいの同僚が自分とは合わない人だった」と教えてくれました。

「書類提出の締切を守らないのは当たり前、仕事があってもみんな私用を最優先……。相互評価ではほかの社員の悪口ばかり、新しく人を雇っても3カ月持てばいい方。そんな会社でした」

そこまで話したFさん、とうとう最後には**「何で今まで気づかなかったんでしょう？　自分は役員にまでなっていたから、会社のイヤなところには目をつむるクセがついていたんでしょうね」**と打ち明けてくれました。

退職したFさんは、がん治療中に出会った教会の牧師様の導きで、自分も宗教の道へと進みました。今ではがんも完治し、教会のスタッフとしてたくさんの人の魂を救済する仕事に誇りを持って取り組んでいます。

一方の離婚したAさんの場合は何が起こったのでしょう。波動の質は心の質。家族や恋人というのは、お互いが同時に精神を磨くことで成立していきます。

家族という集団の中で、1人だけ波動の質が高くなってしまったAさんには、頑張ってもその場に留まっていることができない、という現象が起こっ

てしまったのでした。
高みを目指す良い波動と低いところにとどまろうとする悪い波動。これがハレーションを起こし、2人をそれまでのポジションに残ることを許しませんでした。
「みにくいアヒルの子」のように、FさんもAさんもアヒルの群れで異質の存在となって苦しんでいたのです。

みじめな状況からの人生のシフトアップ

波動の質が磨かれ、まわりの人たちよりも高い次元に進むと、その場にいさせてもらえなくなるということが起こります。

リストラやいじめといったわかりやすいものだけでなく、試験の合格・不合格、入社試験の採用・不採用、あるいはワナにはめられてそのフィールドを去らなければならない……というようなことも起こります。

これはその人自身に問題があるというのではなく、波動の質が違うから「そこにいてはいけないよ」「ほかに適切な場所を用意しているよ」という天界からのサインなのです。

波動のハレーションが起これば、波動が低い次元にある方がキイキイと騒ぎ始めます。

もし、あなたの環境にこの波動のハレーションが起こっても心配はいりません。一見、とてもみじめな状況ですが、それはこれから訪れる幸せのための第1歩。

「人生のシフトアップ」が起こっているのですから。

みじめな状況から「シフトアップ」はやって来る。

「幸福」という名前の新しいお家へ引っ越す準備をしているのだから、不安に思わなくていいのです。そのことをどうか覚えておいてください。

死神を遠ざける方法

私の肩書きでもあるスピリチュアル・カウンセラーというお仕事は、みなさんのイメージよりもずっと過酷なものです。「悩みごと」は重た〜い悪の波動で相談者さんを苦しめています。

その「悪」の正体が何なのか、どうしたら良いエネルギーに変えていけるのか……。こんなことを悪とつながり、波動をリーディングしながら解決していかなければいけません。

そのため、悪い波動のシャワーを浴び続ける状況になります。

以前、仕事をタイトに詰めてしまったときには、髪の毛が抜け、円形脱毛症になるくらい体力と気力を使い果たしました。

そんなときに決まってあらわれるのが**「死神」**です。

死神が来るとき

死神は大きなカマを持っていて、たいてい頭から真っ黒いマントをすっぽりかぶっています。体調が悪いときには必ずやって来ます。

死神はシルエットであらわれたり、何かの模様やシミなどの形で見えたり、一目で「来たな……!」とわかるものです。

死神を見ると「ああ、今、私はすごく弱ってる状態なんだ……」「もう死ぬかも……遺言を残さなくちゃ」と恐ろしくなります。それでも「じゃあ、少し休んじゃおう!」とあわてて体調管理をすれば、スーっといなくなってしまいます。こうして、今までなんとかピンチを逃れてきました。

死神と言っても神様の仲間ですから、私はある日、勇気を持ってこの死神とお話をすることにしました。

死神が教えてくれた「シルバーコード」

「死神様、死神様、あなたは神様の仲間、でもいったいなぜそんな恐ろしいのですか」

すると死神は言いました。

「我々はこの大きなカマでシルバーコードを切りに来ている」

「シルバーコードというのは何ですか？」

「お前たちの肉体と、母なる宇宙を結んでいるへその緒のようなもの。私はお前たち人間が亡くなるときに、これを切りに来る役割なんだ」

あの死神の象徴「大鎌《おおかま》」にはそんな意味があったなんて！　私は恐ろしくなりました。私のシルバーコードも何度も切られるところだった！（死神ってなんて恐ろしいの！）

ところが死神はとても悲しそうな表情でこう言います。

「私だってそんなことはしたくない。あなたたちに笑顔で人生を楽しんでほしいと思っている。我々は神様から頼まれてやって来る。神様の許可を受けて天国へ旅立つ人のところに」

「神様の許可を受けて天国へ旅立つ人？」

私の疑問に死神は続けます。

「そういう人には共通点がある。それは『早く死にたい』という気持ちが、心からあふれかえっているところだ」

「死にたい」気持ちをリセットするために

私は自分のことを考えました。

仕事が忙しく心の奥を見る余裕はなかったけれど、潜在意識では険しい山登りのような人生、人間を続けていくことに絶望と不安を感じていたのかもしれません。

死神はこう教えてくれます。

「生きることをとても辛く感じて『死にたい』と思っていても、すぐに天国に行くわけではない。天界はそういう人たちに何とか人生の良い面を見つけてもらおうとあの手この手で対応している。励ます人に出会わせたり、美しい光を見せたり……。

死にたいと言っている人でも本心では『本当は死にたくない』と思っているからだ。その本心と辛い気持ちの攻防で、辛い気持ちの方が大きく重くなりすぎてしまってバランスがとれなくなると、神様も『そんなに辛いのなら1回天国へ戻っておいで』と、リセットの準備をするのだ」

心地良くほどける
シルバーコード

死神のお話はまだ続きます。

「我々は、『人生はありがたい』『この世はけっこう良いところかも』と思っている人のところには行かない。**そういう人のシルバーコードは我々が強制的に切るのではなく、いつか自然に心地良くほどけるようになっている**」

これが私が死神に教えてもらったことです。

「余命宣告を受けてショックを受けている」「難病や障害で生きるのが苦しいと感じている」「人生が辛くてたまらない」。そんな状況にあなたがいるなら、どうか次の言葉を死神様に話しかけてみてください。また、もしあなたのまわりで苦しんでいる人たちにも、このことを教えてあげてください。

死神を遠ざける言葉

死神には次のようにきっぱりと話しかけましょう。

「私にはまだ、やりたいことがあります」
「見たい景色があるんです」
「私は、もっと生きたいんです」

その前向きな気持ちに死神はやさしく微笑み、すぐに帰っていきます。そして、天界があなたに力を注ぎ、必ず元気に前向きに人生を送れるようになります。

Chapter

3

最高の幸せを手に入れる「縁結び」と「縁切り」

「魔」を「縁」にかえて幸せを引き寄せる

ここまで、この世に飛び交っている「魔」のしくみ、天界と地上のメカニズム、あなたに起こる「不幸」の理由をおおまかにお話ししてきました。

ここでは、魔とあなたを結びつけてしまう古いエネルギーについてお話しします。古いエネルギーを浄化することが、幸せをつかむためにとても重要です。今、まぶしいくらいに活躍している人たちは、1人残らずと言っていいほど、この古いエネルギーをパワーに変えています。

縁は魔除けと切り離せない

「魔除け」と「縁」は一見反対のものに思えますね。ですが実はこの2つは、表裏一体のエネルギーを持つ間柄です。この2つを上手に使えば、ものすごいエネルギーを生み出す関係を持っていて、それを知っているだけで「お宝」なのです。

Eさん（28歳・女性）はモデルとして活躍中。小さい頃から背が高く、そのせいでずいぶんクラスの男子からいじめられてきました。中学に入るとますますエスカレートして、とうとう卒業式まで不登校になってしまいました。

しかし、身長を生かしてモデルとなった今では、SNSのフォロワーもたくさんいるし、まわりからはあこがれの目を向けられる存在。

目標のファッション誌に掲載されるまであとわずか、というところまで順調に突き進んでいます。Eさんは「いじめられていたのが悔しくて見返してやりたかったんです」と涙目で語っていました。

Eさんがいじめられていたのはもちろん良いことではありません。しかし、こうして見てみると、一見よろしくないこと、近寄ってきてほしくないことを経験することで、心の奥に芽吹いている小さなタネを一気に育てるモチベーションへと進化させた、という見方もできますね。

すでに活躍している人、何かを形にしている人というのは、怒りや絶望、悔しさといった火薬を大いに活用できているのです。

あなたの人生のキーポイントとなる大事な縁というのは、ときに「魔の顔」をして訪れることもあります。

「魔がやって来るときは同時にチャンスでもある」と覚えておきましょう。

カーッとなった心をニュートラルにもどす魔法の言葉

心ない言動に怒りを覚え、言わなくてもいいことを言ってしまって後悔した経験、きっとあなたにもあるでしょう。こんなときに心を落ち着かせる魔法の言葉を教えます。

◊**上から目線法……**「相手は違う次元にいる人、自分の方が恵まれている」と心のなかで「上から目線」になることで冷静になる。

「この人はきっと深い悩みごとがあるに違いない、気の毒に！」

◇賢者の高波動維持法……争いやトラブルなど摩擦が起こったときこそ自分優位に物事を進める大チャンス。この一言であなたは賢者となります。

「波動が高い方を優先にものごとは動く！」

◇聖母マリア法……相手の邪気がやさしいあなたに助けを求めるためにいやがらせをしてきていると知ることで冷静になる。

「辛いことをたくさん抱えているんだね。あなたは1人じゃないよ！」

◇悪魔対立イメージング法……相手の邪気が波動の高いあなたの足を引っ張ろうとワナをしかけている。醜い邪気がニヤニヤしているところをイメージして、そうはさせるかと冷静な人になる。

「その手に乗るものか！」

◊**感謝開眼法**……神様が自分の闇の部分を映し出してくれていると感謝して客観的に見ることができる。

「この醜い姿は私自身の姿。自分では気づくことができませんでした。教えてくださってありがとうございます！」

出雲大社で教わった恋愛の縁結びのコツ

人間関係、特に恋愛の問題は自分の力だけではどうにもならないものです。みんなが素敵な人を見つけてデートを楽しんでいたり、知人の結婚・出産などの話を聞くとだれでも焦るもの。親や親せきから、「結婚は?」「子どもは?」などと聞かれることも苦痛でたまりません。「自分は魅力がない人間なんだ……」と、自己否定ばかりが募ってきます。

そこで、私が**出雲大社・大国主命《おおくにぬしのみこと》様**から聞いた恋愛の縁結びのコツをみなさんにこっそり伝授いたします。

大公開！
大国主命様からのメッセージ

大国主命様曰《いわ》く「恋愛も結婚も出産も、すべて天界が決める結び。自分でじたばた作り上げる必要はないものですよ。だからそんなに焦らないでくださいね」とのことでした（ちなみに大国主命様はとてもやさしくエレガントな神様です）。

ではどうしたらいいのでしょうか。

あなたに困った相手が来るのは貧乏クジをひいているからではありません。もし、あなたがフラれたとしても、それはあなたに魅力がないからではありません。そして、あなたが今1人なのは、あなたに価値がないからではまったくありません。どうかこれだけは覚えておいてください。

その反対で、**天界はあなたの心をもっともっときれいに磨きたくて、そんなあなたの望まぬ状況をあえて下に落としているのです。**

シングルなのもふさわしい相手があらわれないのも、あなたに気づいてほしいことがあって浄化のために起こしていること。

あなたに気づいてほしいこと、それは「あなたはこんなにも素敵な人である」ということです。

「天界の恋愛」が進む3つのステップ

恋愛がうまくいかないのは、心のどこかであなた自身が「私なんて嫌われているんだ……」と決めつけてしまっている潜在意識が原因です。

これは過去に家庭や学校で存在を否定されたり、独りぼっちだったりした経験が引き起こすものです。その悲しみをもう一度思い出してみてください。

悲しみや悔しさでたくさん泣いてください。

思い出すことで古いエネルギーが浄化され、魅力的なオーラが輝き始めます。

「天界の恋愛」は次の3つのステップで進んでいきます。

1　外見を磨く時期（スタイルやトレンドなど外見を意識し恋愛偏差値を上げる時期）

↓

2　魂を磨く時期（1で巡り合った相手との間で起きる摩擦から何かを学び魂を磨く時期・ケンカ・浮気・1人ぼっち、望まぬ相手がやって来るなどはこの時期です）

↓

3　飛び立つ時期（2で反省や感謝ができた頃、次への進化が起こり、結婚、出産、仕事、収入など、恋愛に限らず人生全般がスケールアップする時期）

今、あなたがどのプロセスにいるかわかれば、恋愛に対して焦ることはなくなります。

必見！　大国主命様からのハッピーアドバイス

大国主命様から教えてもらったハッピーアドバイスは次のとおり。

「目の前にあらわれるものすべてのピースがピタッとはまって願いが成就します」

「恋愛のご縁のピースを求めるなら、口にする言葉を『やさしく思いやりのあるもの』にするといいですよ」

「恋愛のピースだけを求めるのではなく、日頃からすべてのご縁のピース……仕事、人、出来事、景色……に感謝することが大切です」

そう言ってウインクすると、大国主命様はいつの間にかお姿を消し去りました。

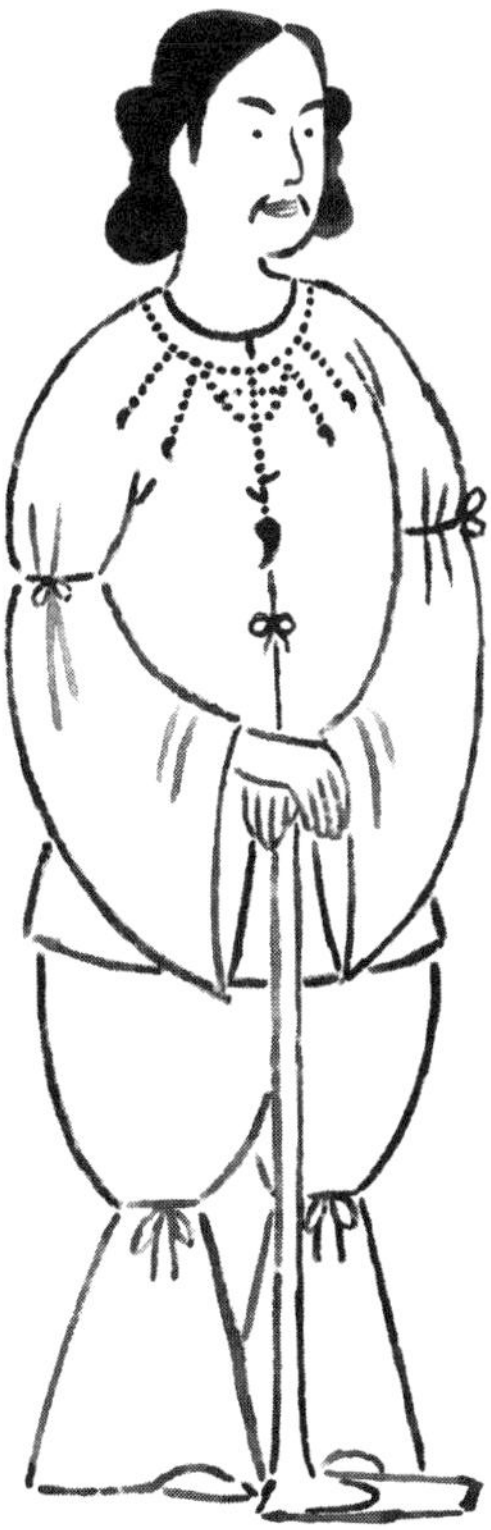

ミリオネアになる「お金との上手な縁結び」

長者番付に載るような大金持ちのセレブたちのニュースを見てため息が出ているあなた。華やかな王族や皇族や芸能界のパーティー、リゾートでの夢のような休暇。

自分とはかけ離れた生活には、だれもがあこがれと羨望《せんぼう》を抱くものでしょう。

「金運に恵まれている人と私の差っていったい何なの？」「生まれつき決まってしまっていることなの？」……そんな嘆きが聞こえてきます。

お金との縁結びをもらえるタイミングはいつ？

でも安心してください。お金の神様はちゃんとあなたのそばにいます。今、あなたに奇跡的な大当たりを落とすそのタイミングを見計らっているだけなのです。

お金との縁結びをもらえるタイミングとはいったいいつなのでしょうか。

医療系の事業を自分だけの力で立ち上げた**Gさん（53歳・男性）**。競合する相手のいない未開発分野のビジネスであったこともあり、一気に収益を増やし1年で高級外車やマンションを現金で買えるまでに成功させました。海外旅行や何十万円もするスーツ、芸能界との付き合いなど、はたから見るとあこがれのセレブリティ。けれど彼はこう思っていました。

「お金がなくなったらどうしよう」「人がみな離れていったらどうしよう」

「近寄って来る奴らはみな金目当てに違いない」……。そして、彼は仲良くしてくる人になぜ自分と付き合うのかその理由を必ず尋ねます。

実はこのように一見経済的に何も困っていないように見える人はみな心に埋められない大きな穴を抱えていて、幸せとは真逆の場所で震えていることがほとんどなのです。

お金さえあれば幸せなはずなのにどうしてこのようなことが起こるのでしょう。それは**神様が心のなかに潜む「金の亡者」を追い出そうと計画しているから。「金の亡者」とは、お金や人生に対する不安感・不信感の負のエネルギーです。**

お金の神様の役目とは？

若くして成功し、多額の収入を得る人、宝くじ1等が2回続けてあたる人、

親の遺産が入る人、1億円を道で拾う人……。みなうらやましい限りです。
けれど心のなかに金の亡者が住み続けている間にやって来るこれらの大金は、さらなる不安やトラブル……詐欺師や相続争い、人間不信やお金がなくなってしまうのではないかという不安、大きな買い物をして後悔を招く……といったことも必ずひき起こします。

何より「考えることをやめさせてしまう」という悪魔がもれなくついてきます。

こういったトラブルを経験させ、お金に不安を感じていた心の闇に気づかせることが「お金の神様」の役目です。ですから大金はあっという間になくなってしまう運命となっています。

神様から教わった お金と上手に縁結びをする方法

では、私が神様から聞いた「お金との縁を結ぶ方法」をこっそり教えましょう。

◊はじまりのイメージ……神様がお金というものをつくったのは、あなたの可能性を引き出したいからです。お金を手に入れるためにできることを考えなければなりません。これはあなたの「天職」を潜在意識から掘り出す作業です。どんな仕事でお金を稼ぎたいかイメージしましょう。

例）海辺でカフェを経営したい／売れっ子の歌手になりたい／カウンセラーになりたい

◊神様に意思表示……「はじまりのイメージ」で浮かんだ仕事をあなたの「天職」にするために今できることを紙に書きましょう。

例）コーヒーに関係する資格をとる／自作のCDをつくってみる／セミナーなどに参加し知識を得る

◊お金にかえるアクション……イメージした仕事を実際にお金に変換するためのアクションを起こしましょう。

例）カフェでアルバイトしてみる／フェア会場などに出店する／ネットでお悩み相談を受け付ける

◊**成功をイメージ**……仕事が順調にいっているときの状況、なりたい自分の姿を具体的にイメージしましょう。

例）都内のタワーマンションの最上階に住み、夜景を見ながらジャズを聴いている／たくさんの仲間にめぐまれている／ブランド品を値段を見ないでオトナ買い！

現在の状況と比べて落ち込みそうになったら「ありがとうございました」という言葉で成功イメージをくるようにします。これでお金と上手に縁結びができました。

縁は「切る」ものではなく「ほぐす」もの

縁は自分で見つけたり、コントロールしたりできるものではなく、天界で用意し、与えられるもの。ですから待っていれば、望む恋人も、結婚相手も、ラッキーな出来事も、あこがれている仕事も、大金も、必ずベストなタイミングで降りてくるようになっています。

ところが、それがいつなのかわかりません。今日かな？　明日かな？……待てど暮らせど手に入らない。心配になって、自分を責めて引きこもったり、自暴自棄になって夢を投げ捨てたりしてしまいます。

縁切りの秘密がわかった！

反対に**「縁を切りたいもの」**もたくさんあると思います。

縁というものは天界で用意されているものとお話しした通り、天界で結ばれ、あなたが切ろうとしても切れない厄介なものでもあります。無理やり切ってしまうと、天界では「縁の結び直し」をしてしまうことも……。こうなると、いったん運気が停滞してしまいます。「縁切り」にはある法則とコツがあって、それを知っていると面白いように離れていきます。

縁はリボンのようなヒモでできていますが、ハサミやナイフで切るものではなく、指でていねいにほどいていくもの。それが高波動の魔力だと面白いほど瞬間的にほどけていくようになっています。

絡《から》み合っていたものがゆっくりとほぐれていくのはどういうときだと思いますか。それは「悟りが起こるとき」。つまり俗世間からの解脱《げだつ》を表します。

解脱とは、1つひとつに執着していたことから解き放たれ、自由になること。1つの縁が自然にほぐれ、やがて切れていくごとに呪縛《じゅばく》から離れていき、あなたの目の前にこれまであなたが本当に望んでいた世界が突然あらわれ、快適で自由になることができるのです。

つまり、**「縁切り」というのは、「縁結び」以上に魂が進化した状態のときにしか起こりません。**しかし、たいていの場合、実に99・9％の人たちは、心の成長を待たずに強引に縁を切ろうとしてしまうため、「はじめからやり直し」と、また同じような状況に陥ってしまいます。

パワハラと古いエネルギーの関係

あるパワハラ上司に泣いていた**Hさん（男性・31歳）**。

Hさんは、工場でライン作業をする短期派遣社員でした。上司はHさんにだけ厳しく接してきます。毎日毎日きつい言葉を投げつけられるのが辛く、私のところへカウンセリングを受けに来ました。

話を聞いてみると、Hさんは小学生の頃、家が貧しくいつも同じ服で通学していた時期があったそう。クラスメートだけでなく担任の男性教諭までもそのことでHさんをからかっていました。

Hさんはそのことでとても大きな深い傷を負っていました。そこで私は、Hさんの心のなかに残る古いエネルギーにアクセスし、それを解き放ちました。すると1週間後にはその上司は異動が決まり、あっという間に離れることができたのです。

どうしてこんなことが起こるのでしょうか。

我慢している感情というのは古いエネルギーとなって残されています。あなたの目の前にあらわれる「イヤな人やトラブル」というのは、それを教える役割を持っているのです。辛いことを起こすことで、その理由を探ります。その「探る」という行為が古いエネルギーと結びつき浄化が起きるの

です。

いつも同じような恋人、パートナーに泣かされている人も、古いエネルギーを手放せば神様にそのヒモを簡単にほどいてもらうことができ、予想もしなかった素敵な人が恋愛圏内に向こうから飛び込んできます。

「縁切り」は実は「縁ほどき」。古いエネルギーを投げ捨てましょう！

◯古いエネルギーを浄化する方法

あなたを邪魔する古いエネルギーというのは心の奥に蓄積されている我慢し続けた感情です。

浄化の方法はカンタンです。

心に残った古い感情は次の方法で体から出ていきます。

1 イメージに出す……脳内にスクリーンをつくり、そこに我慢したことをイメージとして映すことで処分されていきます。

2 言葉に出す……我慢した気持ちをそのまま言葉に出すことで処分されていきます。

3 思い出す……「あ、そんなことあったな」「あのときと同じだな」と思い出すだけで処分されていきます。思い出すなかで涙をたくさん出すようにすると浄化は早くなります。

あなたは「言葉」という最強アイテムを持っている！

「耳なし芳一《ほういち》」の主人公・芳一。平家の武士の怨霊《おんりょう》と対決するとき、身体じゅうに経文を書き込みました。ところが耳にだけ書き忘れ、怨霊に耳をそぎ落とされてしまったこのお話はとても有名です。

また、神社などのお社《やしろ》で上を見上げると天井にお札がたくさん貼ってあることがあります。

これらは1つひとつの**「文字」**、そしてその組み合わせでできる**「言葉」**

にとても強い魔除けの力があることと関係しています。

あなたを苦しめる古いエネルギー

言葉は人間だけが持たされている魔除けアイテムで、これが邪気から身を守ったり、反対に内側の邪気を集めて排出したりする浄化の力も持っています。

しかし、魔を持った言葉もまた大きな影響を生んでしまいます。

厳しすぎる説教、悪意のある情報、根拠のない批判などが、長い間あなたを苦しめることもあるのです。

そこで、次ページから、あなたの心の奥底にたまっているかもしれない古いエネルギーを引っ張り出し、ほどいてくれる言葉を見ていきましょう。

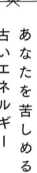

いじめ・パワハラ・モラハラと縁を切りたい

◇呪縛となる古いエネルギー

恨みのマグマ

◇ほどく言葉

「許せない！」

いじめやパワハラ、モラハラなど、不当な上下関係の押しつけや差別、威《い》嚇《かく》、暴言など、魔の大好きなエサを知らずにまき散らしている人たちがそばにいる毎日は、本当に辛いもの。

このような「暴力」は習慣性があり、どんなに職場を変えても同じ目に遭ってしまうという人が少なくありません。その魔から抜け出しましょう。

これらのパワハラ悪魔があなたの元にやって来るのは彼らが**「あなたには人生を開くとても大きな力を持っているよ」**と伝えたいのです。

あなたはとても素晴らしい才能や可能性を持っているのに、幼い頃に威圧的に支配された経験などから自分の気持ちや力を否定するようになってしまいました。そんな相手に向かって封印していた言葉**「許せない！」**で、古い恨みのエネルギーを排出します。

ストーカーと縁を切りたい

◇呪縛となる古いエネルギー

異性親の裏切りへの念・恐怖心

◇ほどく言葉

「お父さん（お母さん）なんか大っキライ」

盗聴や殺人事件まで発展しかねないストーキング行為。待ち伏せや日に何度も送られてくる恐怖のメッセージ。脅しの言葉だけでなく職場まで押しかけて来るケースも。毎日が恐怖で凍り付いている人も少なくありません。

仲の良かった彼氏や彼女が恐怖のストーカーにひょう変するのは、あなたがとても魅力的で離したくないという愛情と、もう1つはあなたの心の傷を教えたいからです。

その心の傷とは潜在的にある**「異性親に対する強い憎しみ」**です。これは、女の子ならお父さん、男の子ならお母さんに対してのトラウマがあることを指します。

お父さん、お母さんに裏切られたり、突き放されたりなど悲しい思いが傷になっていますから、それを癒し心を洗っていきましょう。

同時に恐怖の経験も傷になっていますので、「恐怖」がキーワードになる出来事も思い出してみてください。

DVと縁を切りたい

◇呪縛となる古いエネルギー

深い孤独・疲れ

◇ほどく言葉

「1人で辛かったね」

恋人や夫、妻などから日常的に暴力を振るわれる。でも離れることができなくて悩んでいるときはなかなか人に相談できなかったり、どうして別れないのかと不思議がられたりして、恐怖と孤独で苦しんでいます。

このようなDVを起こす相手とつなげてしまう古いエネルギーは**「1人で頑張ってきた疲れ」**です。まわりの人たちのために1人で重荷を背負い続けてきた経験や疲れが一度は優しく受け止めてくれたパートナーから離れることを躊躇《ちゅうちょ》させています。

孤独を感じたときのこと、1人で大変だったときのことを思い出していきましょう。

そのことを思い出して自分に**「1人で辛かったね」**と声をかけてあげましょう。

ギャンブルと縁を切りたい

◇**呪縛となる古いエネルギー**

自己否定

◇**ほどく言葉**

「できる！　できる！　できる！」

今日で最後と思ってもまた繰り返してしまう。

家族やまわりの人たちからいつも責められる。

ギャンブルに依存してしまう心の奥には「働くこと」への恐怖が隠されています。仕事が見つからない不安、失敗したり、怒鳴られたりした経験、望む仕事につけない……など仕事や人生の不満がくすぶっていると、自己否定のエネルギーが増殖し、ギャンブルに傾いていくようになります。

ギャンブルに限らず、買い物依存、ドラッグなど、依存は自信を喪失しているときにあらわれる悪魔。人前でバカにされた出来事がこころの傷になっているので、それを思い出しながら、**「できる！」**を口癖にしていきましょう。

借金・貧乏と縁を切りたい

◇呪縛となる古いエネルギー

お金に対する恐れ

◇ほどく言葉

「お金なんか大っキライ！」

頑張っているけど収入が増えない、いつも自転車操業、貧乏な生活からいつまでたっても抜け出せない……という場合、あなたには「貧乏の呪縛」がかかっています。

幼い頃、親がお金で苦労していた、お金がなくて苦しかったなどの経験が、あなたを「お金教祖」にひれ伏させてしまっています。つまり、**「お金は支配者」「お金に逆らってはみじめなことになる」**という刷り込みです。

そこで、心の奥に封印されているお金に対する恐れを解き放っていきましょう。

「お金なんか大ッキライ！」という気持ちを言葉で爆発燃焼させることでお金との良い距離感が生まれ、お金がついてくるようになります。

拒食・過食と縁を切りたい

◇呪縛となる古いエネルギー

人生に対する恐怖心

◇ほどく言葉

「怖かったね。そばにいるからね」

食に関する悩みごとというのは、強い恐怖の出来事がトラウマとなっていて心が非常に緊張していることで起こります。こういう場合**「不安の克服」**を人生のテーマの1つとして持ってきていることがあります。

「食べ物は悪いもの、自分を苦しめるもの」「カロリーが高いもの、塩分・糖分・脂分は悪」という呪縛から自分を離していきましょう。

神様は、私たちを幸せにするために食べ物をくださっています。

この世を生きることに恐怖を感じた出来事を思い出して、怖がっている過去の自分に**「怖かったね。そばにいるからね」**と伝えましょう。

心の緊張が癒えてくるとダイエットする必要がなくなります。

ブラック企業と縁を切りたい

◇呪縛となる古いエネルギー

年上の人による支配の恐怖

◇ほどく言葉

「イヤーーー！」

募集要項ではわからなかったけど入社してみたらブラック企業。サービス残業は当たりまえ、とんでもないノルマを課せられたり、達成できなければみんなの前で罵倒される。上司がとんでもない悪魔だったり、職場がシーンと音がしないほど緊張で縛られていたり……。でもやめたくてもほかに仕事がないからやめられない。

これらは人気の一流企業でも普通に起こっていることです。

ブラック企業を引き当てさせてしまう心のなかの古いエネルギーは、**「NO」と言えない恐怖心**です。年上の人から威圧的に支配されてしまった恐怖心があなたを導いています。

支配を受けたときの過去の自分の恐怖心を思い出し、何も言い返せずにいる過去の自分の代わりに**「イヤーーーー！」**と声に出して、感情を解放していきましょう。

病気と縁を切りたい

◊ **呪縛となる古いエネルギー**

心配や不安な出来事による
長く続く緊張

◊ **ほどく言葉**

「今、身体が良くなっている
ところなんだよ」

病気は本当に辛いもの。長期の入院や大きな手術も大変ですし、いつまで経っても良くならない原因不明の痛みや何となく不快な症状というのも辛いものです。

年をとったら病気になるのは当然、とあきらめてしまいがちですが、どんなことにも起こる理由があって病気も大事なメッセージを持っています。

病気というのは身体の緊張が長く続くと起こるもの。今までに怖くて緊張することがずっと続いていて、心のコップが苦しみあふれてきているのが痛みや不調の原因です。

今現在、心配し続けていること、と同時に、子どものときに怖かったこと、緊張が続くようなことを思い出してみてください。病気としてあらわれている今はデトックスの真っ最中です。**「今、身体が良くなっているところなんだよ」**と過去の自分に安心の言葉をかけることで回復していきます。

今のパートナーと縁を切りたい

◇呪縛となる古いエネルギー

抑制されている本心

◇ほどく言葉

「なぜ結婚したの？」

深く考えることなく勢いで結婚してしまったパートナー。

いっしょに暮らしてみたら、「こんなハズじゃなかった」なんてことがよくあります。でも離婚するのも難しい。もしそんなことを考えているなら、離婚届を取りに行く前にまず古いエネルギーを落としていきましょう。

あなたが今のパートナーと共にいるのは決して間違いでも失敗でもありません。

離婚したいのなら結婚を決めたそのときにタイムワープして**「なぜ結婚したの？」**と考えてみましょう。

肩書や収入に魅力を感じたとか、親に勧められてなんとなくとか、必ずほかに抑えつけた感情があったはず。もしかすると「本当は好きじゃなかった」という思いもあるかもしれません。相手はその封印された何かを教えたいのです。

自分の本心に気づくことができると魂が解放されて、精神的に大きな変化が起こります。

うるさいご近所と縁を切りたい

◇呪縛となる古いエネルギー

人の評価に対する恐怖心

◇ほどく言葉

「大丈夫だよ、そばにいるよ」

「最近見ないけどご主人は？」「娘さん、ご結婚は？」あるいは「3丁目の山下さん離婚したんですってよ、大変ね〜」と親しい顔で詮索しに来るならまだマシです。やれ境界線を越えた、テレビがうるさい、柔軟剤が臭すぎるなど暴力的に抗議してくる隣人との関係にノイローゼになっている人も多いのではないでしょうか。

泣き寝入りして引っ越しを決めた方がいいのでしょうか。

いいえ、その前に古いエネルギーをおそうじするのが正解です。

隣人トラブルに泣かされる場合、他人の意見や評価に翻弄されてしまうあなたがいます。まわりの目を気にしなければいけなくなった過去の自分を思い出してみてください。

自信をなくすようなこと、人前でけなされるようなことに傷ついて怯えている方もいるでしょう。過去の自分に**「大丈夫だよ、そばにいるよ」**と声をかけてあげましょう。

介護疲れと縁を切りたい

◊ 呪縛となる古いエネルギー

パーフェクトでなければいけない
という極度の緊張感

◊ ほどく言葉

「もうムリ！」

24時間365日、休みなく続く介護。自分のことは何1つできないまま、常に神経が過敏になっている状態が続きます。本当に大変ですね。

あなたのなかに**「自分を優先することは悪」**というデータがインプットされていると、泥沼から抜け出そうとする意識のスイッチが入らず、解決策の選択肢が極端に少なくなるということが起こります。

幼い頃に完璧を求められ苦しかったときの自分にアクセスしましょう。そしてそんな自分を黙って抱きしめてあげましょう。**「もうムリ！」と言ってもいいのです。**その安心感が脳の前頭葉のスイッチをONにし、みんなが笑顔になれるような劇的な解決を見せてくれます。

介護だけでなく、子育て、看病、仕事、うつ状態の場合にも効果的です。

コンプレックスと縁を切りたい

◇呪縛となる古いエネルギー

自分には非のないことでの苦しみ

◇ほどく言葉

「私、なんにも悪くない！」

背の高さ、年齢、顔のつくり、目の大きさ、声、得意なこと、名前から家族構成、国籍まで、どれ1つとして自分では選べない。いつもだれかと比べては落ち込んでしまう。美容整形やファッションにお金をつぎ込んでしまう。こんな不公平な人生、絶対損してる！

コンプレックスの呪縛で苦しんでいるあなたは、自分では変えられないものに対して非難を浴びたり、差別的な発言を受けたりした過去の傷が残っています。

なかには人種差別を受けた過去世を持っている人も。そこで、自分にこう言ってあげましょう。

「私、なんにも悪くない！」

隠れていた可能性がグングン開きはじめます。

ムカつく友達と縁を切りたい

◇呪縛となる古いエネルギー

封じ込められた怒り

◇ほどく言葉

「ひどいよね」

注意すれば逆切れ、ほめれば否定。どんなことでも反論してくるネガティブな友人。また、いつも自慢話、話の腰を折る、自分、自分で押してくる同僚。

こんなムカつく相手なのに離れられなくて苦しんでいるなら、あなたの中にはたまりにたまった怒りのエネルギーが存在して、相手はそれを爆発させようとしてくれています。

いつも他人思いで怒りを封じ込めてくれていたあなた。どんな我慢をしたか思い出してみて、そのときの悔しさを再現してみましょう。

怒りや悲しみをぐっとこらえている過去の自分に**「ひどいよね」**と共感しましょう。

友人だけでなく、ムカつくと思う相手、怒らせてくる人、ネガティブなエネルギーをぶつけてくる存在すべてに効果的です。

数字のプレッシャーと縁を切りたい

◊ 呪縛となる古いエネルギー

裏切りによる深い心の傷

◊ ほどく言葉

「やめてー！」

毎月のノルマに追われている人だけでなく、売り上げ、利益、視聴率、SNSの「いいね！」の数やフォロワー……そんな数字におびえて一喜一憂していませんか。

ノルマなどの数字に脅かされてしまう人には、**裏切りによる深い心の傷**が残っていることがよくあります。「頼っていた人に冷たくされた」「突然恋人にふられた」など、「裏切られた経験」を思い出してみてください。

特にお父さん、お母さんに冷たくされ、突き放された悲しみを排出するために泣きじゃくる自分をイメージしましょう。数字に対する不安が薄れていきます。

「数字は愛」。数字に翻弄されてしまうときはこの言葉を思い出していきましょう。数字を稼ごうと不安になっていると数字は逃げてしまいますが、安心し、愛をイメージすることで数字はあなたを追いかけてやって来ます。

【注意事項】

・古いエネルギーは思い出すだけで浄化しはじめます。そのときの感情がよみがえってくる「感情の再現」が起こると、なお早い効果があります。

・心の傷が深い場合はエネルギーが化石化していて掘り起こすのにも時間がかかるものです。大量のゴミを処分するのにトラックが何台も必要なように、何回にもわたって思い出す必要があるものもあります。

・過去のできごとや感情をすぐに思い出せない場合でも、あとになって突然思い出すようになっています。

・1晩眠るたびに呪縛が解け、今まで執着していたことが気にならなくなってきます。その変化を見つけて喜ぶとさらに効果的です。

・一度に行うものではなく、時間の余裕のある時に少しずつ思い出していきましょう。

・過去を思い出すことで脳の活性化にもなります。

Chapter

4

天を味方につける！
神社パワーと魔除け

神様がよろこぶお参りのルール

全国から人が訪れる有名な神社も、地域でそっと大切にされている小さな神社も、神様のパワーの入り方に変わりはありません。どんな神社でも神様とつながることができます。ここではその「コツ」をお話ししましょう。

神波動の特徴に自分の波動を合わせる

神波動の最大の特徴は「リラックス」。あなたの波動がリラックスしていればいるほど、効果のある神社参りとなります。

そのために重要なのは、実は意外なことです。

それは、**「お参りのルールに気を取られすぎない」**ということ。

「ひしゃくはどちらの手で持つの？」「参道はどこを歩けばいいの？」「お参りの方法は？」……。こんな風に感じるのは「間違っちゃったらどうしよう」という恐れがあなたの心の奥底にあるからです。こまかいルールにとらわれすぎない方が、リラックスでき、ずっと神波動が入りやすくなります。

「神社は遊園地と同じ！」という気持ちで、まずはお参りを楽しむことで神様はあなたを歓迎してくれます。

さらに、

① 「気持ちがいいなあ」「素敵なところだなあ」と、とにかくよろこぶ
② 今、お参りできていること＝健康、時間、お金、チャンスに感謝する

ということを知っておけば完璧です。
神社の神様はあなたがお参りに行くといつも笑顔でよろこんでいます。いっしょによろこぶことで最大限のご利益をいただくことができます。

邪気を払う神社の重要アイテム

では、神社のなかで実際にどのように神様とつながるか、もっと具体的に見ていきましょう。

神水に触れる「手水舎」

手水舎《ちょうずや》は手を洗うのではなくお水に触れるのが目的です。

神社内の水はすべて心を清める力の高い神水《かみみず》。触れるだけで邪気をはらってくれるものなので、ルールが不安なときは「触れる」だけでOK。

お賽銭は邪気を払うもの

お供《そな》えに欠かせないお賽銭《さいせん》は「願いをかなえてもらうための料金」ではありません。そうではなくて、**「邪気を払ってもらう」ことこそが目的なのです。お賽銭はあなたの心の邪気を移しとって神社へ放つ役割をしています。**投げ入れる前に30秒くらいの時間をとって、しっかりと左手で握りしめましょう。お金に心の悪を移しこみ、賽銭箱へ投げ入れましょう。

そのとき、ふんわり投げるのではなく、箱に当てて「チャリーン」などの音が出るようにします。そして、その音を耳をすまして聞いてみてください。邪気が払われ、魔が去っていき、心が洗われるのがわかります。

投げ入れる硬貨は、直感で選んでOK。ただし1円玉では音が出にくいので、お財布の中を見てそれ以外の硬貨でピンとくるものを選びましょう。

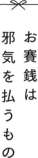

自分を信じるための
おみくじ

結果が言葉になっていてわかりやすいため、おみくじでは一喜一憂しがち。大吉が出れば大よろこび、凶ならばこの世の終わりと感じてしまいます。

しかし、おみくじの役目はもっと深いところにあります。

運気が波に乗っているときにはあえて「大凶」が出て舞い上がりすぎないようにしたり、落ち込んでいるときには「大吉」が出てはげましたり……など行動や心のバランスをとってくれるのです。

つまり神様が**「あなたはもっと自信を持っていいよ！」**と伝えてくれるのがおみくじというもの。また、「中吉」や「末吉」などは、あなたが自分のすごさに気づいていないと出てくるもの。「強い運気は自分を信じる心に宿る」ということを肝に銘じておみくじをひいてみましょう。

他人の絵馬を読むのは絶対NG

神社でついつい見入ってしまうのがほかの人が書いた絵馬のお願いごと。なかには写メまで撮ってしまう人もいます。ですが、これは絶対にやめましょう！　絵馬を書いた人の古いエネルギーがあなたに乗り移るからです。古いエネルギーとは、お願いの言葉の裏に隠された「できるかな？」「できなかったらどうしよう……」といった不安のかたまりです。絵馬に託されることで、いずれ神の馬に乗せられて浄化界へ運ばれていきますが、**興味本位に読んでしまわないようにしてください。**

「お守り」のパワーをいただく

ここまでして手に入れた神社パワーは、せっかくですからお家に持って帰

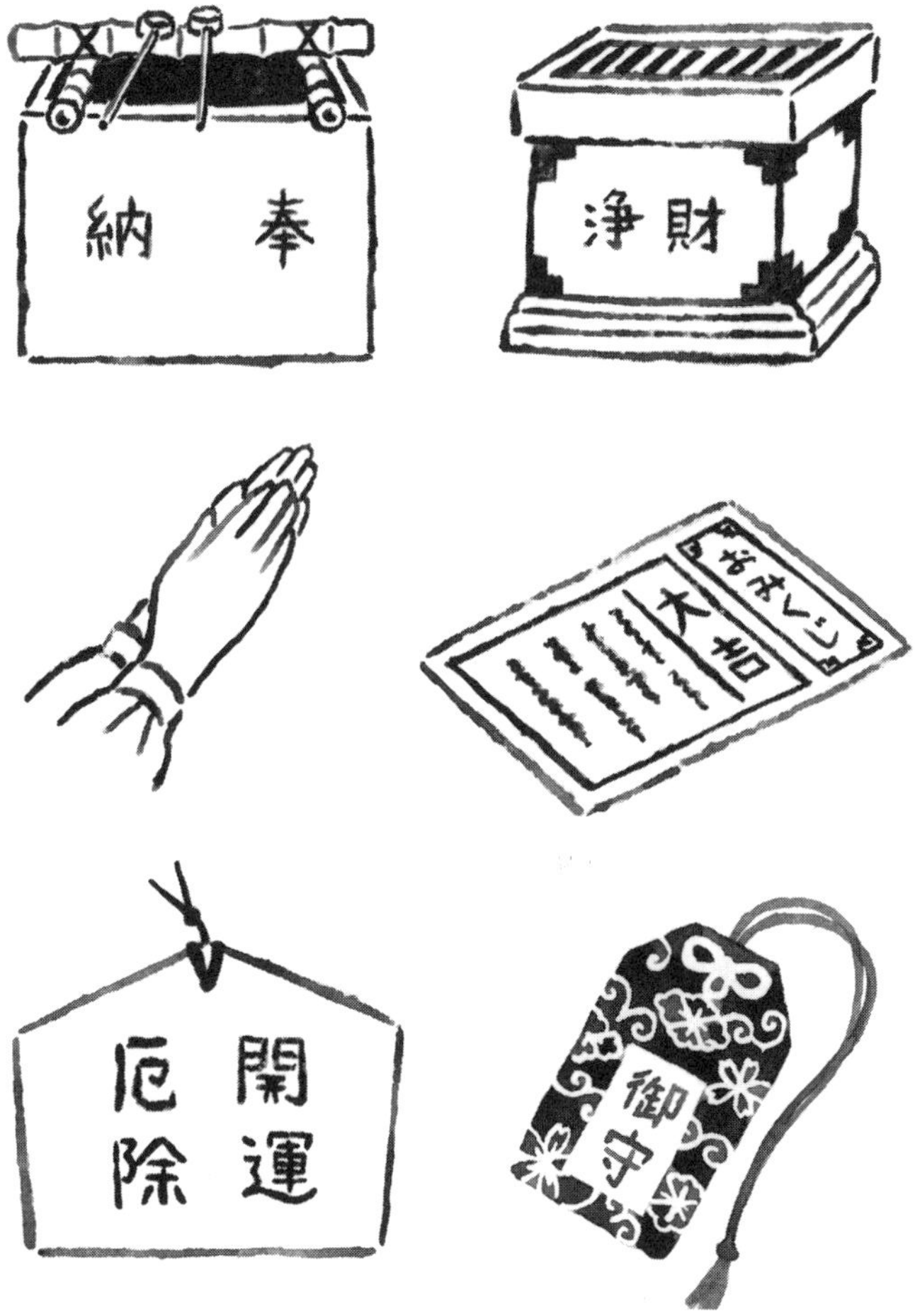
奉納
浄財
おみくじ
大吉
開運
厄除
御守

りましょう。境内に置かれているものにはその神社の神様のパワーが宿されています。しかもその神社にあなたがお参りしたのは偶然ではありません。

あなたが選んだ神社の神様は、あなたに力を授けたくてしかたがありません。

そこで神様にそばについていてもらうために、お守りやお札など、何か1つパワーを形にして持ち帰りましょう。最近の神社では、かわいらしいキーホルダーやオリジナルのグッズなども多いのでそれでもOK。

不安を感じたとき、恐怖から逃げ出したくなったときに、お守りを見たり握ったりすることで神様の力をいただけます。

神社では耳をすまそう

神社にお参りに行ったときに、もう1つ気をつけたいポイントが「音」です。「神社には音を聞きにいくことが目的」と言ってもいいほど音が大事な浄化アイテムとなります。

神殿前で静寂をつくる

友達同士などで神社に行っても、おしゃべりに夢中になるのは御法度《ごはっと》。楽しい気分でいるのはＯＫですが、神殿前で参拝の順番待ちをしているときは私語は控えましょう。神殿前の静寂は、訪れるすべての人に神波動を伝える道をつくります。それに加わったあなたにはたくさんのご利益があります。

神音に耳をかたむけよう

神社内で発される音は神音《しんね》。すべてあなたに高い浄化をもたらします。手水舎《ちょうずや》の水音、玉砂利を踏む音、鈴・鈴緒、お賽銭の音、柏手《かしわで》といった神社ならではの音はもちろん、そこで聞く風のざわめきや葉音のささやき、鳥たちのおしゃべりなど自然の音もすべて神音。

この音を聞いて神の振動を受け取るのが神社での目的です。

神社で打つ柏手は特に魔除けの波動を持ちます。さらに神社ではご祈祷《きとう》の太鼓や神楽《かぐら》のメロディが聞こえてくることも。これらもすべて神様からのウェルカムです。

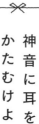

最高の魔除けパワーを生む「神社瞑想」

神社は結界が張られて、邪気から守られた神聖な空間。

魂ととてもつながりやすい場所です。

リラックスして、魂とアクセスする瞑想の状態をつくれるようにチャレンジしてみましょう。

神社での瞑想を覚えると、ちょっと元気をもらいたいときにすぐに神様パワーをチャージできるようになります。

神社は瞑想のための最高の場所

瞑想というのは自分の本音を見つめる行為。何も座禅を組んで目を閉じる必要はありません。自分の悩みについて考える、なぜここに来たか考えてみる、どうしたらいいいんだろう、自分はどうしたいいんだろう……、そんな風に心に問いかけてみましょう。

クリアな気持ちから、ひらめきや大きな気づきを得られるでしょう。

神社での瞑想は、歩きながら、景色を見ながら、あるいは立ち止まったり、縁台に腰掛けたりしてみるのもいいでしょう。ほかの人の邪魔にならないように気をつければ方法は自由です。

神社内では導かれている

神社内では神様に導かれています。すべての祠《ほこら》に参る必要はありません。行くべき場所に自然に導かれているので、気になる場所を直感で感じてみましょう。だれも訪れないひなびた祠の神様に呼ばれることもあるでしょう。

白い服で神様とつながる

白という色は、内面の光を外へ届けやすい色、神様とあなたの魂をつなげてくれる色です。

どこかに白を身に着けましょう。私は特に大事なときは全身白い服で訪れることにしています。

神社の神様の仕事内容を知ることでつながる

天界が私たちに望んでいることがあります。それは私たち自身が自分の力で願いをかなえられるようになることです。だから神様たちはあえて私たちのお願いを安易にかなえたりしないように天界から指示を受けています。**神社に詣でれば願いがかなうのではなく、神社に詣でると無駄なエネルギーが払われ、本来の「願いをかなえられる自分」になれるのです。**

願いをかなえてもらいに行くのではなく、自分のなかから美しい光が発されているところをイメージしていきましょう。

雨に降られたら信頼されている証

雨というのも浄化のエキスパート。神社での雨はまさに神雨《しんう》。神様の強力なサポートが入った証です。ときに雷雨やひょうになることも。激しいほど未来が大きく開いていきます。

どんなことが起こってもあきらめずに立ち向かうあなたのことを、神様が信頼しているということです。

神社を思い出して神様との関係を深くする

神社の気は神聖で澄んでいます。不安に感じるときに、心地良いと感じた神社をイメージし、訪れたときの記憶を脳内で再現すると効果的です。

それだけで神社パワーの波動を自分に取り込むことができます。何回も思い出すことで神社の神様とより深い関係が生まれるのです。

それぞれの神社には「ご利益ポイント」がある！

大きな神社にはパワーが満ちあふれています。と同時に、強い「魔」も集まりやすくなっています。私が神様に伺ったところ、神社の邪気は人間にしか浄化できないということもわかりました。私たちの「よろこび」や「感謝」が神社の浄化につながるのだそう。

もう1つ教えてもらったのが、**それぞれの神社や神様には得意分野があって、みな違ったパワーを発しているということ。**神様の得意分野を意識していくと、よりご利益《りやく》をもらいやすくなります。

ここでは神様が教えてくれた神社の「ご利益ポイント」をお話しします。

伊勢神宮外宮で食べ物に感謝

食べ物を粗末にしたり、健康に良いもの、そうでないものを差別したりしていませんか。

伊勢神宮（三重県）には食料を司《つかさど》る豊受大神《とようけのおおかみ》様がいらっしゃいます。

この神様は自然の流れも司っています。油や砂糖たっぷりのジャンクな食べ物でも、あなたがその瞬間「食べたい！」と思うものは、そのときのあなたにとって一番必要な栄養素です。外宮《げぐう》様で食べ物に対して感謝ができると、内宮《ないぐう》様でのご利益がアップします。

宇宙とつながる伊勢神宮内宮

日本の国の浄化を集中的に司《つかさど》っている神社です。内宮様の上空は地上とのバリアがとりはずされ、**宇宙エネルギーが直接降り注いでいるスポット。**

とても波動がこまやかなので、ご利益を最大限受けるためにはまず外宮様に参り、感謝の気持ちを口でしっかりと伝えて浄化をしましょう。

「生まれ変わりたい！」をかなえる二見興玉神社

伊勢神宮でのお参りをさらに深いものにしたい人は、伊勢神宮外宮を訪れる前に少し離れた海岸

沿いにある**二見《ふたみ》興玉神社《おきたまじんじゃ》（三重県）**に伺いましょう。

こちらでは猿田彦《さるたひこ》様による大浄化を受けられ、人生のシフトアップを起こす力を引きだしてもらえます。

カエルの神様の置物がところどころ見守るこの神社では、カエルは「変える」や「買える」につながり、**ミリオネアに生まれ変わる力とつなげていただけます。**

都会の超パワースポット
東京大神宮

宇宙とつながる伊勢神宮のパワーを東京にも！　と生まれたのが**東京大神宮（東京都）**です。訪れてみるとびっくり。とてもコンパクトなのにそのパワーはまさに伊勢神宮クラス！　天照《あまてらす》様が伊勢神宮と同じパワーで見守ってくださっています。

多くの人でにぎわっていますが、特に女性に人気の神社です。**恋愛おみく**

じもとてもよく当たるのでおすすめです。

出雲大社で地上の勝ち組になる

出雲大社（島根県）でいただけるご利益《りやく》はずばり「グラウンディング能力」です。この能力は、「地上の成功」をおさめる力です。

たとえば「ミリオネアになる」「セレブリティになる」「願った未来を手に入れる」……など、地上の勝ち組になる力のことといえばわかりやすいでしょう。

恋愛・結婚で有名な神社ですが、それだけをお願いするなんてもったいない！　一通りお参りがすんだら**最後に馬神様と牛神様の像を拝みましょう。**

これらはグラウンディング能力を上げてくれる神様です。あなたのことを力強く引っ張ってくれるでしょう。

お金との新しい関係を築く
銭洗弁天

お金のことで困っていませんか。それはお金との付き合いかたが間違っているからかも。**銭洗弁天《ぜにあらいべんてん》（銭洗弁財天宇賀福神社）（神奈川県）**ではお金との新しい関係を結ぶ「導き」をいただけます。

世俗との「リセットトンネル」をくぐったその先は隠れ家的パワースポット。鎌倉の山から湧き出る聖水のそばに、大きな守り岩があるので、**その岩神様にお礼を言ってお金を聖水にひとくぐりさせましょう。**悲しみを浄化する蛇神様もいらっしゃいます。縁起物として売店にはゆで卵を置いています。悲しみを癒すゆで卵をぜひご賞味ください。

Chapter

5

毎日の生活で使える魔除けアイテム

お金の神様がよろこぶ「魔除け財布」

毎日の生活のなかで何気なく使っているもの、接しているものには神様が宿っていて、私たちはいつも魔除けパワーを受けられる状況にいます。

もっともっとそのパワーを受け取って魔除けにつなげるために、アイテム別の特徴を知りましょう。

ここでは、お財布、スマホ、手帳や本など身近なものから、金運アップにつながる虎グッズ&蛇グッズ、そしてあなたを癒やしてくれるペットについてお話ししていきます。

お金には愛がいっぱい！

神様が何度も何度も私に教えてくれていること。それは**「お金は愛だ」**ということです。135ページで「数字は愛」という言葉をお伝えしましたが、お金にも愛がいっぱいつまっています。お金は宇宙に飛び交っている愛というエネルギーが、地上で目に見える形になったものなのです。

お金というものはとても自由で純粋で、利害関係などみじんもなく、私たちのよろこぶ笑顔だけを楽しみに飛び回っているものなんだよ、と教えてくれています。

だから大好きな人にはいくら使っても惜しくない、反対に自分を苦しめる人、傷つける人には1円だって払いたくない。お札《さつ》にもコインにもそんな愛がギュウギュウ詰まっています。

それはまるで、具だくさんの餃子のようなもの……。

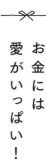

お金はあなたの心をそのまま映しているものでもあります。

くたびれたお札《さつ》が来るのは「あなたは頑張りすぎですよ。疲れていますよ。大丈夫？」と心配してくれているとき。ピッカピカの新札《しんさつ》が来るときは宇宙からのパワーがあなたにどんどん降りて来ているときです。

お金がどんどんやって来る「魔除け財布」

では、お金があなたのところに愛の仲間を引き連れてものすごい速さで帰って来るように、お財布をチェックしてみましょう。


お財布に入っているお札《さつ》と硬貨。**お札は同じ漢字で「お札《ふだ》」とも読みますが、本当にお札《ふだ》のようなパワーを持つアイテムでもあるのです。**

お札をおさめるお財布はあなたを守る最強の魔除けアイテムです。

あなたを邪気から守り、お金や良い人脈を集めてくれるお財布は次の通り。

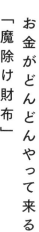

①堂々としている

自分に自信を持てない間は、金運もそのサイズにおさまるものしかやって来ません。お財布は長財布で堂々と手にできるものを選びましょう。

②余裕がある

経済的余裕は心の余裕、心の余裕はお財布の余裕から。パンパンにふくらませない、レシート類はすぐに整理、ポイントカードは最小限に、クレジットカードも厳選します。特にレシート類は1日が終わったら必ず財布の外へ出しましょう。

「迷ったらポイントカードはつくらない」と決め、モノが増えるのを予防します。

へたれてきたお財布は運気上昇のサイン

お財布がへたれてきたと感じたら魔除けのお役目はそろそろ終わり、新しい運気に乗るときです。お財布も買い替えて新しい守りをもらいましょう。色はあなたが気になる色を選んでみましょう。お財布の色と魂と脳が一体化し、力強い魔力を発します。もちろんお金を大切に使うことが前提です。

お金を洗うときの注意点

160ページで紹介した銭洗弁天でも行われていますが、「お金を洗う」ことによって、金運をアップさせるというお話を聞いたことがあるかもしれません。

実はお金というのはあなた自身。

お金を洗う行為はあなた自身を洗うこと、すなわち浄化の作業です。

お金を洗いながら、お金に対する感謝の気持ちや「これからも大事に使うよ」という意識を持つこと、また、使ったお金で実現できたこと、楽しめたことを思い出すことが重要です。

そして、お金を使うときにはやさしいお母さんになったように「いってらっしゃい」と送り出してあげましょう。

そのお金をあなたが使うことで、それを手にした人やお金がやりとりされた場所までも浄化へとつながっていきます。

インターネットやスマホで気をつけること

スマホやパソコンは神様がくれた魔法グッズであると同時に、あなたの心や頭脳を共有する分身です。次のことを守ることで最強の魔除け波動をつくります。

スマホはあなたの分身

スマホはあなたの分身としてより強い魔除けの役割を持ちます。運気を上げるのも停滞させるのも使い方次第。

メールやＬＩＮＥ、ＳＮＳは自分の心を開き、書き込む場所。なりたい自分、波動の高い自分をイメージして扱いましょう。

おんぼろなスマホケースはあなた自身。新しいものにかえることで、人生もドレスアップします。

画面が割れたときは邪気からあなたを守ってくれた証拠です。できるだけ早く修理するなどしましょう。

画面を閉じるときに毎回、スマホに「ありがとう」と言うことで運気上昇を手助けしてくれます。

インターネットの注意点

ウェブサイトの情報は役立つもの、良いものもあれば、インチキやデタラメ、興味を引くための大げさな表現でいっぱいのものまで玉石混交。**他人の**

悪口ばかりのサイトは開くだけで邪気が入ってくるので絶対に見てはいけません。

でも、なぜだかそういうサイトをのぞき見したいときってありませんか？それはあなたがとても疲れている証拠です。

悪口サイトは魔の温床なので、そのサイトを見ているときはストレス解消になりますが、そのぶん、あとからより一層の疲れがたまる、という悪循環に陥ります。ぐっと我慢して、そのようなサイトを見ない練習をしましょう。

スマホケースの選び方

魔は激しい衝撃や騒々しい不快な音に宿ります。

スマホというのはあなたの頭脳そのものであり、頼れるパートナー。邪気はまず、スマホやPCが故障するよう狙ってくるので、スマホを守るカバーやケースをしっかりと装着、落とさないように気をつけましょう。形はシン

プル、色は自分がピンときたもので！　その色が今のあなたを守る色です。
私は、オレンジピンクカラーのものを愛用しています。
しっかりと邪気を払い、強い魔除けパワーで守ってくれています。

紙に関係するもの

紙に関係するグッズというのも、魔除けにはおすすめです。

手帳は
あなたを守るもの

手帳は魔除けグッズの優等生。1年の終わり、12月31日の欄に、理想の自分の状況をあらかじめ書き込んでおきましょう。

また、日々の感謝、うれしかったこと、気づき、起こった出来事などを書き込む日記帳のように使いましょう。１週間前には何をしていたか冷静に振り返り、それを読むことで自分の成長や進化に気づき、邪魔者をのけ上昇気流に乗りやすくなります。

「本」は神様そのもの

本は神様そのもの、強い魔除けの力があります。あなたを元気にさせてくれる、読むとほっとする、そんなあなたのお気に入りの１冊をバッグに持ち歩きましょう。眠れないときは、枕元に置くことで、あなたのオーラについた邪気を一掃して良い眠りに導いてくれます。部屋に飾るのも大きな魔除けになります。

結界を張る
手紙

お気に入りのレターセット、ポストカード、一筆箋と切手を常備しておいてマイレターセットをつくりましょう。

メールではなく、紙とペンで書かれた手紙には、書いた人、読んだ人両方に良い運気が訪れます。時間がなくてもたった一言、たとえば「頑張って！」など、手書きメッセージを写メで送るだけでも邪気は逃げていきます。

職場での電話メモにも手書きの癒し効果が。おしゃれなふせんを選んで人気急上昇まちがいなしです。

虎&蛇パワーを活用する

貧乏神から身を守る「虎」

金運アップにシフトチェンジするときには、どこからともなく寅神様《とらがみ》があらわれます。

貧乏神から身を守るために虎（寅）グッズを持ちましょう。ちょっとしたものでOKです。お店、ブランド名に「タイガー」「虎」「寅」がつくものもおすすめ！　そんな名前のレストランでの食事も金運を引き寄せ、魔を取り除いてくれます。

金運だけじゃない蛇グッズ

蛇は「脱皮」の象徴。つまり人生の変化・進化を司《つかさど》る神様です。蛇のぬけがらは昔から金運のお守りとして有名ですが、金運だけではありません。

あなたを邪気から守り、冷静になれる力、大きな気づきの力を授かることができます。蛇グッズはレアなので、蛇に見立てた短いひもやリボンなどでＯＫです。

ペットと魔除け

人をばかす代名詞のような「タヌキ」「キツネ」「化け猫」など、魔はしばしば動物の姿であらわれます。

というのも、動物が持つ「気」はとても純粋なので、疑うことを知らない人と同じ。そこで、一時的に魔の乗り物に利用されてしまうことがあるからです。

恨みや深い悲しみなど、動物というのは強い負の感情エネルギーをそのまま、妖怪変化しやすい存在。人間でも、穏やかだった人が突然ひょう変するのは、実はとても繊細で純粋な心の持ち主だから、というのがその理由です。

ペットはあなたに会いにやって来る

動物のなかで特にペットというのは、あなたに会いにピンポイントでやって来てくれています。そこには偶然の要素は1つもありません。しっかりと、あなたに会いに来ているのです。

天国にいるあなたの大切な人、たいていの場合、あなたを絶対に守りたいと思っている近い存在、間柄の人が魂を宿し、ペットの姿を借りてすぐそばに寄り添うために来ています。

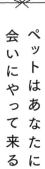

ペットを守る魔除け

動物を脅かす魔は病気やケガのほか、警戒心が強すぎるなど心の不安定をつれてきます。ペット・動物たちを魔から守るためにカンタンにあなたができることをお話しします。

①たくさんなでてあげましょう

そのやわらかさ、ふわふわもふもふの心地良さを思う存分感じてください。なでることによってあなたのなかに生まれるα波は動物たちにとってもプラス効果。なでることで動物の気の循環が良くなり健康で長生きになります。

②「今日も1日ありがとう」と言いましょう

いつもそばにいるペットはあなた専門の神のお使い。「ありがとう」という言葉でペット自体がパワーアップし、魔除け力が増していきます。寝る前の「今日も1日ありがとう」の一言が動物を癒し、天界とつなげ、あなたを守る力も増強させます。

街で見かけるスズメやカラス、ハトなどの動物も神波動を持っていて、私たちの浄化を司っています。それらが出す声や音も魔除けの力を持ちます。見ること、聞くこと、やわらかな体に触れることであなたの邪気を吸い取ってくれます。

こんなアイテムでも魔除けできる!

私たちの心と身体はとてもやわらかいもの。そこに少しだけ「人工の力」を補強してあげることで最強のプロテクト力と可能性が生まれます。

邪気というのは光に弱いイキモノです。そこで、金属の力＝アクセサリーで邪気を撤退させることができます。

「はじめての場所へ行く」「初対面の人と会う」など、慣れていないことのスキを狙って邪気は入り込んできますので、アクセサリーを活用しましょう。

魔が苦手なのは
ＴＰＯにあったおしゃれ

女性であれば顔まわりにイヤリング、ピアス、ネックレス、ブレスレット、髪留めなど、どれか1つにメタルやキラキラを取り入れるのが幸運への近道。宇宙エネルギーのやわらかな高波動にメタルの直線波動をプラスすることで無敵のオーラをつくることができるからです。

さりげない、ＴＰＯにあったおしゃれを魔は苦手としています。「品のあるおしゃれ」を意識して楽しんでみましょう。

男性の場合は、アクセサリーにこだわらず、ゴールドやシルバーのような色のものを選べばＯＫ。ネクタイやハンカチの色を選ぶときに意識してみましょう。これから時計を購入する予定があれば、メタルバンドの時計がおすすめです。

メタルパワーで魔を遠ざける

では、さりげなく身につけやすい3つのアイテムのおすすめポイントをお話ししましょう。

腕時計

「時」は浄化の守り神。この神様に結界を張ってもらうために腕時計はとても効果的です。

デスクワーク、接客などの仕事では、黒、茶、シルバーといったダーク系の色合いのものが強力です。高価なものでなくて十分。時間を見るのをスマホから腕時計に変えるだけで、神様の守りがしっかり入ります。

キーホルダー

車や家の鍵につけているキーホルダーは大事なものが守られ、運気がアップします。車のなかに置いておくと事故防止にもなります。

色はずばり「赤」が正解！　さらにハート型なら人気運、仕事運、さらに金運もアップ！　好きな形を選んでみてください。すぐに手に入らないときは、赤いリボンを結んでおくだけでもＯＫ。

赤のペン

赤は身体と心のバランスをとり魂とつなげてくれる色。書きやすいサインペンやボールペン、少し太い油性のマジックなど「赤」の筆記具を数本常備しておきましょう。

毎日の生活で大事なことを書き込んだり、○で囲んだり、赤のペンを使うと邪気が去っていきます。

魔除けの口グセ

言葉で自分の次元や波動を変えることができます。「ここは心配事がなんにもない天国だ！」とあなたが口にすることで、瞬時にあなたのいる世界は天国へと変わります。

宇宙とつながる高い波動を持つのはお経や真言だけではなく、普段の口グセが私たちを守る魔除け札となり、特にピンチのときにさらなる邪気が寄って来るのを防ぐ大きな効果を持ちます。

良い口グセの例

「幸せだなあ」

「ここは天国だ」

「私は本当に恵まれている」
「みんないい人ばっかりだ」
「今がどん底だからあとは上がるだけ」
「1晩眠って結論は明日」
「地獄に光を見出す力を持て」
「ゼッタイ負けない」

中古品の魔を受け取らない方法

「他人が使ったものは、その人の『気』が乗っている」という考えもありますが、フリマアプリやネットオークションなどで見つけたお買い得品はやっぱりやめたほうがいいのでしょうか。

いいえ、安心してください。あなたのところにやって来るものはすべて天界でクリーニング済みです。次のように「ウェルカム！」と迎え入れてあげましょう。

①自分の手元にやって来てくれたことを喜ぶ

どんなものでもあなたが選び、今それが手元にあるのは、天界から「これで幸せになれるよ！」のお墨つきをもらったということ。

実際、手にして「イメージしていたのと違う」ということもあるかもしれません。でも、とにかく手元にやって来てくれたことに感謝して「来てくれてありがとう」と伝えます。

②何があってもあわてない

「はじめから壊れている」「買った商品が届かない」。そういうことが起こるのはあなたの内面にお金に対する焦りの魔が潜んでいるときです。

実はそれは「手元にない方がいいよ」という天界からの貴重なメッセージです。何があってもあわてず、さわがず落ち着いて行動。その余裕から、次にもっと良いものがあらわれるようになっていきます。

モノとの出会いに感謝！ 使い終わったら「ありがとう」と言う

モノでも人でも、天文学的なとてつもない確率で出会っているものです。使い終わったら「ありがとう」と伝えることでモノに宿った負のエネルギーが消え、伝えるたびに魔が入りにくいガードが磨かれます。

私はよく自分の愛車に「ありがとう」を伝えています。おかげで快適で事故のないドライブが楽しめ、燃費も良く、故障の少ない優秀なクルマでいてくれます。

Chapter

6

魔除けで思い通りの人生を手に入れる！

「魔」という文字から見えてくるもの

ここまでいろいろと魔の苦手なものについてみてきました。闇雲に除けていた魔に対する知識を得ることで、すでにあなたには魔除けの結界が張られはじめています。

この章では数ある魔除けのなかでも特に魔が一番苦手とする魂について説明していきたいと思います。自身の魂とのつながりを確かにすることで、オーラが磨かれ、運気を上昇させていくことができるのです。

さて、「魔」という漢字は見ているだけで不気味さがあります。やたらごちゃごちゃと「鬼」という字の上に集まって、今にも魂を吸い取られそう。でもよく考えてみてください。この「鬼」という字は、「魅力」の「魅」にも「魂」にも使われています。これはなぜなんでしょうか？

実は、鬼というのは私たちを幸せに導くための天界からのお使いなのです。だからいろんな漢字に使われているのです。

2月の節分では鬼に向かって豆を投げつけます。鬼には赤鬼と青鬼がいますが、「赤」は「怒り」を、「青」は「悲しみ」を表しています。私たちが持っている怒りや悲しみを追い出して、人生を駆け上がっていくために大切な役割を鬼が引き受けてくれているのです。

また、鬼＝「兄（あに）」にも通じます。兄はブラザー、聖書で兄弟と訳されている「自分の身近な人」という意味。つまり鬼は私たちのそばでいつも浄化を願ってアクションを起こしてくれている存在なのです。

そんな兄は「祝」という字をつくります。「へん」は示偏。つまり神様です。偏が「口」になると「呪」になってしまいます。「口」というのは俗世間的なエネルギーを表します。

「祝い」を「呪《のろ》い」に変えるのも、「呪い」を「祝い」に変えるのも私たち人間の受け止め方であり、伝え方。

悲しみや恨みを良いものにも、悪いものにも変えていくのが私たちなのです。

私たちの魂はどこからやって来るの？

私は生まれてくる前や母のお腹から出てくる瞬間の記憶を、天からのビジョンとして見せてもらったことがあります。

生まれてくる前、私たちは宇宙に輝く1つの星でした。星というのは活発なエネルギー体。ある日、神様に呼び出されて、突然地上へ人間として降り立つことになったのです。

人間として地上に生まれ落ちる

人間になる前に神様は私にあるものを持たせました。それは「悲しみ」と「苦しみ」、「恐怖」と「孤独」。さらに「さみしさ」「絶望」「恨み」「呪い」、それに「痛み」などの負の感情です。

星のままでいられれば幸せです。なぜなら星にはたった1つの気持ち、「ウキウキ・ワクワク」しか持っていなかったからです。**人間になることと引き換えに、負の感情もいっしょに背負っていかなければいけませんでした。**

神様は言いました。

「思うよりずっと難儀な人生じゃぞ。心してかかれや」

私は「ウキウキ・ワクワク」しか知らないおちゃらけた星だったので、そんなことを言われてもお構いなし。「全然へーキよ！」と答えます。

そして人間として地上に降りてきましたが、いきなりトラブル発生！　まず母のお腹の狭いこと、苦しいことと言ったら！　自由なエネルギーが個体に閉じ込められたときのショックはワナにかかったイノシシのよう。そしてこの「チキュウ」というところは、「限界」とか「規制」とか「制限」とか、頑張っても決して脱出することのできない枠の中でいかに幸せをつかむかを勝負するところなのだと知りました。

宇宙にいるときに持たされた負の感情も早速発動されます。

当時、問題を抱えていた私の母は極度のストレスで血流は最悪、お腹の私も毎日が苦しく恐怖でいっぱいでした。生まれた後も、学校では仲間外れにされ、さみしさと孤独を感じたり、妹が生まれれば嫉妬を感じ……と、持たされた負のカードは次々と大活躍です。

これは私に限ったことではありません。地上に生まれるすべての人はどんなに幸せそうに見えてもたくさんのネガティブな感情を持ってやってきます。

人生は浄化の旅

地上に生まれるときにネガティブな感情をたくさん持たされてくる理由。それはこの世にウイルスのように浮遊しているたくさんの念を浄化するためです。浄化するとはどういうことなのでしょうか。

一生のうちに私たちにできることはほんの少しであり、「生きる」とは常に後悔を生み続けることでもあります。そんな、できなかったこと、罪悪感というのは、亡くなったあとも地上に残ります。ほかにも恨みや怒り、恐怖、不安など、強烈な負の感情も重いエネルギーとなって地上に置き去りにされます。

地上は私たちの人生の足かせとなるエネルギーが充満している状態です。

それらを浄化するのが「共感」であり、「夢をかなえよう」「新しい自分になろう」という「挑戦」です。

つまり、**過去を生きた人たちと同じような宿命を持って生まれることで、過去の人のためのリベンジをしています。私たちは自分の人生を生きると同時に、苦しい気持ちを抱えて亡くなった人たちを浄化しているのです。**

「魔」を受け入れる

そして、もう１つ神様が私たちに教えたいこと。

それは**「純粋な心の美しさ」**を知ることです。

春の花が美しく咲くのは、厳しい寒さが辛く、暖かくなってきたときに咲こうとするエネルギーがはじけるからです。太陽の光の輝きがまばゆいのも、夜の静けさや漆黒の闇があるからです。神様はできる限り美しい光を見せたいと、私たちに闇の部分を持たせています。

悲しい、理不尽な死に遭遇する人ほど、生きる輝きを知ることになります。心の奥に隠された涙や傷を知る人こそ、光の真の価値に気づけます。

すると人生が全く違った力を持つようになります。理不尽な出来事に埋め尽くされた世の中でも生きることによろこびを持てます。

「魔」を否定しつづける人生には成長がありません。否定ではなく「魔って何なんだろう?」「どうして私に災難がふりかかってくるのだろう?」と考えはじめた瞬間から、劇的に上昇気流があなたの背中を押すのです。

魔のエネルギーを味方につける方法

この地上でスムーズに運気に乗っていくために必要なことは、他人の力を遠慮なく借りることです。

人はネガティブな感情を背負わされてこの地上に落とされるとお話ししましたが、それと同時に、1人では何もできないようにセッティングされています。1人の力ではどうしても限界があって、可能性を開かせるには、他のエネルギーとのコラボが必要になるのです。特に必要なのが他人の持つエネルギーと天界のエネルギーの2つです。

他人とのコラボエネルギーをもらう方法

だれだって嫌われたら悲しい、「好きだよ」って言ってもらえたらうれしいもの。だからと言って、世界の人々全員を好きになるのはムリ。そうですね、だからたった1つのことに気をつけてください。それは**「線を引かない」**ということ。

「この人はイヤ、この人は好き」と決めつけないこと。そうするといままで恐れていた「魔」が、今度はあなたを高く高く引き上げる上昇気流に乗せてくれるようになります。

魔を遠ざける心の習慣

悪いもの、苦手なもの、心がザワザワするものは日常的にやって来ます。**これはあなたのせいで起こっているのではありません。生まれてくるときに持たされた負の感情を思い起こさせるために起きているのです。**

うれしくないものが来たらそれと同じことが過去にも起こらなかったかどうか思い出してみましょう。必ず同じ経験をしていることに気づくでしょう。そのときの気持ちを思い出すだけで少しずつ浄化され、完全に浄化されると同じことは起こりにくくなってきます。

1晩眠ると
エネルギーの質が変わる

人に相談したくなるような困りごとも、落ち着いて焦らず過去の出来事に照らし合わせてみてください。一晩眠るとエネルギーバランスが整い、問題があなたに有利に展開していきます。

邪や魔が来るタイミングは、意外にもあなたの運気が上がってどんな難問も解決できる波動を持っているときです。**一難去ってまた一難、問題が途切れずやって来るならそれはグングン運気が上昇している証拠です。**

そうやって昔のことを思い出すことで古いエネルギーが脱ぎ捨てられ、どんどん心が浄化されていきます。

悪魔のブラックリスト

心が浄化されるたびに細胞が新しく生まれ変わり、不安や緊張を感じにくくなります。するとどうでしょう。魔のウイルスの間では**「あの子はやめたほうがいいよ、いいエネルギーに変えられちゃうからね」**とウワサされるようになり、あなたの名前はめでたく悪魔のブラックリスト入り！

もう魔を寄せ付けないようになります。

そこにいるだけで、まわりの人をキラキラに浄化する力を与えられたあなた。もちろんそうなれば天界との結びつきが最強レベルに変わりますから、夢をかなえる力も劇的に上がっていくことでしょう。

1万人に1人の幸せ者になるために

ここまでいろいろな事例から魔除けについてお話してきました。

さてここであなたに質問です。幸せとは何だと思いますか?

ほとんどの人たちは自分にとって都合のいいもの、「愛と喜びと感動に包まれた日」を「幸せな人生」「人から羨《うらや》まれる人生」と考えます。ですからそのために古代から私たちの先祖は避けたいと思うもの、来てほしくないと思うものを遠ざける魔除けの技を培ってきました。これが99・999%の人が考える幸せな人生のつくりかたです。

タクシーが教えてくれたこと

では残りのわずかの人は何を幸せと考えているのでしょうか。

残りの人たちは、自分に起こる辛いことを除けないことが幸せのはじまりだと考える人たちです。

私が地方でタクシーに乗ったときのこと。いつもいつも私が当たるタクシーの運転手さんは不機嫌で、面倒くさそうに、あるときは急発進や急ブレーキなど乱暴な運転で、不愉快な思いをすることばかりでした。いつしか私は乗るタクシーを選り好みするようになりました。ところがそうすると今度はいつまでたってもタクシーに乗れないという事態が起こりました。

はて、どうしたものか。そのときふと小さい頃のことを思い出したのです。

3人兄弟の1番上の私。私たちが小さい頃、母は出かけた帰りに駅から自宅までタクシーを利用することが時々ありました。そのときにとても乱暴な運転のドライバーさんや、少し狭い路地には絶対に入ってくれないドライバーさんの体験があって、子どもながらにとても悔しい思いをした記憶がありました。そのことを思い出したとたん、おだやかで感じのいいドライバーさんのタクシーにしか当たらなくなってきました。

我が家は裕福とは言いがたく、タクシーは最高峰の贅沢品でした。小さい子ども3人と大きな荷物を抱えて、ようやくタクシーの座席でほっとする母が、乱暴なドライバーさんに悲しむ顔を見たのでしょう。

そのときから私はタクシードライバーさんに強い恨みの気持ちを持ち続けていたことに気づかされたのでした。

もし、私に生涯、感じの良いタクシードライバーさんしか来なかったら私はそのことを思い出さなかったでしょう。重く危険な恨みの爆弾を心の底に持ち続けたまま、人生を中途半端な高さで歩いていたでしょう。怒りや恨み、悲しみや苦しみなどの古い負の感情エネルギーは、思い出すことできれいに浄化オーラを清らかにしていく性質を持っています。何か良からぬことが起こる、来てほしくない人が来る。そんなときは過去のあなたからの「思い出して！」のメッセージ。心の爆弾が1つひとつ処分されていき、人生が高次にシフトされるチャンスです。

魔を恐れず受け止める人と、そのまま除けてしまう人では、その後の運命が大きく違ってきます。

あなたもイヤな出来事に襲われたら「なぜこんなことが起こるんだろう」と魂に問いかけ、今日から1万人に1人の幸せ者になってみませんか。

死と向き合う魔除け

「健康で入院や手術もなく、苦しまず迷惑をかけず、人生を楽しみながら、ある日眠るように死ぬ」というピンピンコロリ思想が理想の亡くなり方であると新聞に出ていました。

一見前向きに死を考えているように思えますが、実はこのような思いは「死への恐怖心」のリバウンド現象。つまり心のなかに恐怖がいっぱい詰まっている状態が、不安のない死を望んでいるのです。

そうすると困ったことに、ほかの恐怖の出来事も引き寄せてしまう要因となってしまいます。

これは、「死」＝「悪」という間違った常識から生まれます。

「死」が持つ大切な役割

家族が、大切な人が、かわいいペットが、ある日突然いなくなるというのはとてもショックなこと。心のバランスが崩れ、時間が止まったままになってしまうでしょう。

けれど安心してください。この世は陰陽の法則で動く場所。どんなことにも暗い面の反対に、明るい面が必ずあります。

恐ろしいと思われている「死」にも、実は重要な役割があり、神の許可を得て起こることなのです。

死の大事な役割

①霊的レベルのアップ

亡くなると肉体から魂や意識が離れ、質の異なる高次のエネルギー体となります。霊的レベルが神レベルになる進化の作業です。生きている人の波動を俯瞰《ふかん》し、守る力が劇的にパワーアップします。

②人間生活からの解放

亡くなった人はみな、重い身体を脱ぎ捨てた後にこう言います。

「軽い!」「なんて自由なんだ!」

すべての不安から解放されることは、大切な人を守るために必要です。

③残された人の浄化

残された人は亡くなった人をしのんで涙が止まらず、たくさんのことを思い出します。時に自分を反省し、そのことで心の器も大きくなります。

その涙や思い出す作業は、残された人の心を徹底的におそうじをします。

近しい人が亡くなると、残された人の魂が磨かれ、人生が必ずより良い方向へシフトしていきます。

死を恐れないためにすべきこと

死は未来を表します。**未来の不安に意識の駒を置くのではなく、「今現在」に駒を置きましょう。**「毎日の出来事」「気づいたこと」をダイアリーなどに書く習慣をつけることで、命の駒は今をしっかりと刻み、死や病気の不安からあなたを守る結界が張られます（病気で悩んでいる人にも効果的です）。

大好きな人やペットはあなたを悲しませるために亡くなるのではなく、死によってあなたをより高次の世界へ導く役割を担っています。悲しみに押しつぶされそうになるとき、次のことを意識してみてください。

①泣くことが最大の供養

亡くなった方はあなたに古いエネルギーを手放してほしいと思っています。そのためにたくさん泣きましょう。なぜなら泣くという作業が脳を活性化させるからです。声をあげて泣きましょう。ごめんね、会いたい、なんで死んじゃったの……。心からあふれる言葉を気が済むまで伝え、叫びましょう。それらはあなたが今まで我慢してきた昔の涙。亡くなった方が涙の扉を開けてくれたのです。

②思い出すたびに出会えた喜びに変わる

近しい人が亡くなったときは、あえて故人を思いださせるようなアイテムがたくさん目の前にあらわれます。思い出すたびに悲しみは浄化されていき、良いエネルギーに変わりますので、悲しみを押し込めず、思い出の入った心の箱のふたを開けていきましょう。

③悲しみを忘れようと焦らない

近しい人が亡くなると、シーソーの一方の人が突然降りてしまうくらいバランスが大きく崩れます。

バランスをとりもどすのに1年くらいはかかりますので、「寝る・食べる・思い出す」を主軸に、ゆっくりと過ごす時期であることを意識しましょう。

「突然の死」はあなたのショックや驚愕のトラウマを癒すためにも起こります。

「衝撃」「驚愕」をキーワードに、過去のショッキングな出来事を思い出してみてください。死を恐れる不安が消えていきます。

命を大切にすることが残された人の使命

死をこんなにも悲しむことができるのは、あなたが命の重みを十分に理解している優しい心の持ち主だから。自分の命も同じように燃やし、精いっぱい悔いなく生きることを、亡くなった方はあなたに望んでいます。

亡くなった方とは体を共有しています。あなたの身体を使って同じように景色を見て、食事をして、幸せを感じ「今日もありがとう、おやすみ」と伝えているのです。

おわりに

10年ほど前のこと。

人間関係で深く悩んでいたとき、知人からスピリチュアルの先生を紹介されました。天とつながる偉大な先生を見て、「すごい人だなぁ〜」とあこがれていた、そんな矢先、急激に霊感が開き始めました。

意識と無意識の境にある「ついたて」が突如ごっそりと取り去られ、潜在意識のなかへたった1人放り込まる体験。そこは手すりも足場も何もない、360度同じ景色、ただただ霧と闇に覆われた不気味な世界でした。

神様がそこで私に見せたのはあこがれていたスピリチュアルの世界とは程遠い、闇の世界。幽霊と言われる、辛い気持ちを抱えて亡くなった方たちが毎日あらわれ、その無念さを伝えてきます。彼らがこんなにもさまよい、生きている私たちに影響を与えている……。どんなに頑張ってもうまくいかないのは水面下でこういう動きがあったからなのか……と、愕然としたものです。

罪悪感を抱えた人が次から次へと集まってくる地獄。終わりのない下り階段を永遠と降り続ける自責の次元界。彼らの潜在意識のなかに「イヤだ!」「やめて!」「怖い」「ひどい」「返して!」……そんな嗚咽や泣き声が奥深く渦巻き閉じ込められているのも恐怖の体験でした。

けれど、ではそれら見えないエネルギーを制することができた人は、逆に思い通りの人生を手に入れられるということでもあるわけです。

闇の世界にたっぷりと漬かっているなかで神様が次に見せたのは一筋の光でした。闇の世界に垂らされたまばゆい光の美しさ。光で満たされた世界では決して見つけることのできない奇跡を起こす光です。

ありがたいことに今までたくさんの本を書かせていただいています。これまでは暗闇から抜け出すための光をテーマにしたものでしたが、今回はじめて、「闇」をメインテーマにしたものとなりました。

当然のことながら闇を語るには闇を知っていなければなりません。

私はこの世の闇にどっぷりとつかり、様々なサタンたち(悪魔)と対峙してきたなかで、魔の原点はどれも、幸せを突然奪われ傷つけられた衝撃、言葉では尽くせぬ深い悲しみの念であることを知りました。

その悲しみを見つめることが最大の魔除けとなること、イヤなものを不要なものとして切り捨てるのではなく、悲しみを共有することで良いエネルギーに変えていくことができると教えてもらいました。

本書ではいろいろな魔除けをご紹介しましたが、スピリチュアルリーダーであるみなさんに、私が神様からもらった魔法の言葉「邪を溶かすのは愛だけ」を最後に送りたいと思います。イヤな出来事やイヤな人にもし出会ってしまったら心のなかでこの言葉を繰り返してみてください。

「邪を溶かすのは愛だけ」

イヤなものを受け止める勇気を持つことであなたを困らせる邪は瞬時に消滅していきます。

魔を感じたらそれは人生が大きく羽ばたくとき。

みなさんの人生が、みなさんが想像しているよりもっと高く広く展開していかれることを心より願っています。

日下由紀恵

日下由紀恵（くさか・ゆきえ）
「癒やしのカウンセリング」をおこなうスピリチュアル心理カウンセラー。相談者の魂とアクセスするカウンセリングは国内にとどまらず、海外からも人気。日本全国で開催するセミナーは、毎回多くの参加者が訪れ、浄化の涙と安心の笑顔で満たされている。
著書『神様からの Gift Word』（永岡書店）、『神様が教えてくれた豊かさの波に乗るお金の法則』（河出書房新社）、『運命の人とつながる神様の恵み』（宝島社）など多数。

オフィシャルサイト　http://www.kusaka-yukie.com

アメーバブログ「オーラが輝く！ 神様が教えてくれた自浄力」

まぐまぐ！ メルマガ「日下由紀恵のスピ的生活。」
（月３回発行・初月無料）

成功する人が知らずにやっている
最強の魔除け

2018年10月1日　初版発行

著　者　　日下由紀恵
発行者　　太田　宏
発行所　　フォレスト出版株式会社
〒162-0824
東京都新宿区揚場町2-18　白宝ビル5F
電話　03-5229-5750（営業）
03-5229-5757（編集）
URL　http://www.forestpub.co.jp
印刷・製本　日経印刷株式会社

 ISBN978-4-86680-004-2　Printed in Japan

『成功する人が知らずにやっている最強の魔除け』

購入者無料プレゼント

本書をお読みくださったみなさんに、スペシャル動画をプレゼント！

〜大人気スピリチュアル心理カウンセラー・
日下由紀恵がこっそり教える〜

これだけで人生が変わる！

最強の魔除け＆幸運の引き寄せ術

おうち神社のつくりかた解説動画ほか

をプレゼント！

実践者からよろこびの声、続出！

「運命の人に巡り会えた！」
「新しい仕事が決まった！」
「ペットの病気が治った！」

おうちのなかの「あるスポット」を神社にすることで、毎日いつでも好きなときに天からの力をわけてもらうことができます！　今日からすぐにできるカンタン「日下流・おうち神社」で、魔除け＆引き寄せマスターになりましょう。

※動画ファイルはWeb上で公開するものであり、CD・DVDなどをお送りするものではありません。
※上記特別プレゼントのご提供は予告なく終了となる場合がございます。あらかじめご了承ください。

▼読者プレゼントを入手するにはこちらへアクセスしてください

http://frstp.jp/mayoke